COLLECTION
FOLIO/ESSAIS

Jean-Paul Sartre

L'existentialisme est un humanisme

*Présentation et notes
par Arlette Elkaïm-Sartre*

Gallimard

Né le 21 juin 1905 à Paris, Jean-Paul Sartre, avec ses condisciples de l'École normale supérieure, critique très jeune les valeurs et les traditions de sa classe sociale, la bourgeoisie. Il enseigne quelque temps au lycée du Havre, puis poursuit sa formation philosophique à l'Institut français de Berlin. Dès ses premiers textes philosophiques, *L'Imagination* (1936), *Esquisse d'une théorie des émotions* (1939), *L'Imaginaire* (1940), apparaît l'originalité d'une pensée qui le conduit à l'existentialisme, dont les thèses sont développées dans *L'Être et le Néant* (1943) et dans *L'existentialisme est un humanisme* (1946).

Sartre s'est surtout fait connaître du grand public par ses récits, nouvelles et romans — *La Nausée* (1938), *Le Mur* (1939), *Les Chemins de la liberté* (1945-1949) — et ses textes de critique littéraire et politique — *Réflexions sur la question juive* (1946), *Baudelaire* (1947), *Saint Genet, comédien et martyr* (1952), *Situations* (1947-1976), *L'idiot de la famille* (1972). Son théâtre a un plus vaste public encore : *Les Mouches* (1943), *Huis clos* (1945), *La Putain respectueuse* (1946), *Les Mains sales* (1948), *Le Diable et le Bon Dieu* (1951).

Soucieux d'aborder les problèmes de son temps, Sartre a mené jusqu'à la fin de sa vie une intense activité politique (participation au Tribunal Russell, refus du prix Nobel de littérature en 1964, direction de *La Cause du peuple* puis de *Libération*). Il est mort à Paris le 15 avril 1980.

On pourra se reporter à la biographie d'Annie Cohen-Solal, *Sartre 1905-1980* (Folio Essais, n° 116).

SITUATION DE LA CONFÉRENCE

L'existentialisme est un humanisme *est le texte sténographié, à peine retouché par Sartre, d'une conférence qu'il a donnée à Paris le lundi 29 octobre 1945 à la demande du club Maintenant, créé à la Libération par Jacques Calmy et Marc Beigbeder dans un but d'« animation littéraire et intellectuelle »; il a été publié l'année suivante aux Éditions Nagel. Pourquoi l'auteur de* L'Être et le Néant *(1943) tient-il à convaincre de l'humanisme de sa doctrine?*

Il faut rappeler que les deux premiers tomes des Chemins de la liberté *qui venaient d'être publiés pour la première fois obtenaient un succès mêlé de scandale. Nous ne nous attarderons pas sur le détail de ce qui, dans* L'Âge de raison *et dans* Le Sursis, *choqua les bien-pensants de l'époque. Son personnage principal fut jugé veule ou cynique. « Je pense que ce qui rend surtout mes personnages gênants, écrivait Sartre, c'est leur lucidité. Ce qu'ils sont, ils le savent, et ils choisissent de l'être. » Dépourvu d'ancrage, sans certitudes, Mathieu est évidemment loin de la figure d'épo-*

9

pée ou du héros positif; son seul atout, dans sa recherche obstinée d'une vie authentiquement libre — à laquelle fait écho la recherche philosophique de L'Être et le Néant —, c'est cette lucidité sèche qui est aussi une souffrance. Ce qui lui advient, ce qu'il fait n'a que peu de réalité; il n'a pas commencé de réellement vivre. On ne voyait pas assez, alors, qu'il s'agit du drame intellectuel et moral d'une conscience en devenir, dont l'évolution n'est pas finie à la fin du deuxième tome. Sans doute parce que la lecture des deux romans, qui eurent par ailleurs de chaleureux défenseurs, était plus accessible que celle de l'ouvrage philosophique, leur publication amplifia la résonance de l'existentialisme sartrien; les controverses à son propos furent alourdies et brouillées par ce qu'on appellerait aujourd'hui un phénomène médiatique — battage et amalgame, hostilité ouverte ou larvée, cuistrerie — dont les raisons sont encore à chercher. Il en résulta une invasion quasi réciproque : de l'écrivain par une célébrité de mauvais aloi qui l'éberluait, du public par l'existentialisme; des formules orphelines de leur contexte comme « L'enfer c'est les autres », « L'existence précède l'essence », « L'homme est une passion inutile », égarées dans des journaux à sensation, se donnaient comme des slogans diaboliques.

Quant aux critiques exprimées par les intellectuels, qui ne dédaignaient pas l'injure, elles ne procédaient pas encore d'un examen très pénétrant de L'Être et le

Néant[1] : *les chrétiens, outre son athéisme, reprochaient à Sartre d'être matérialiste, les communistes de ne l'être pas ; les premiers lui faisaient grief de « poser arbitrairement la primauté de l'en-soi », les seconds le taxaient de subjectivisme ; les notions de* contingence, *de* délaissement, *d'angoisse* révulsaient *les uns et les autres. L'expression violente de ce rejet, que Sartre ressentit comme haineux, tient-elle à cela seul que les esprits, après le cataclysme de la guerre, étaient, comme le dira un de ses détracteurs, « préoccupés d'une définition de l'homme conforme à l'exigence historique, et permettant de surmonter la crise actuelle » ? Le fait est que les objections étaient plus souvent morales, voire, finalement, utilitaires, que proprement philosophiques. On se souciait peu de discuter l'orchestration des idées dans son ouvrage, la pertinence des arguments. « Tout le monde ne peut pas lire* L'Être et le Néant *», écrivait ce même critique[2] ; Sartre n'en devenait pas moins, dans l'esprit de bien des gens, l'antihumaniste par excellence : il démoralisait les Français au moment où la France, en ruines, avait le plus besoin d'espoir.*

1. Bien que déjà de jeunes philosophes, et dans un cercle qui devenait plus large que celui de ses anciens élèves, fussent attentifs à ce que Sartre écrivait, tel Francis Jeanson, qui publia *Le problème moral et la pensée de Sartre* (Éditions du Myrte, 1947).

2. Qui, par ailleurs, jugeait l'existentialisme « une maladie de l'esprit ». Cf. « Réflexions sur une mise au point », de Pierre Emmanuel, dans la revue *Fontaine* n° 41, avril 1945, et « Qu'est-ce que l'existentialisme ? Bilan d'une offensive », dans *Les Lettres françaises*, 24 novembre 1945.

C'est donc pour présenter au public un aperçu cohérent et plus juste de sa philosophie que Sartre accepta de donner cette conférence[1]. *Déconcerté par la surexcitation de cette foule entrée en force dans la salle, qui, il s'en doute, comprend au moins autant de curieux attirés là par la renommée sulfureuse de l'existentialisme et de son auteur, que d'auditeurs venus par amour de la philosophie, il affirme que l'existentialisme est une doctrine* strictement réservée *aux philosophes alors même qu'il s'apprête à la mettre peu ou prou à la portée du grand nombre : c'est que* L'Être et le Néant, *texte à la fois rigoureux et touffu, mal lu et souvent déformé, est devenu un objet qui lui échappe et dont pourtant il se sent responsable. Mais, on le devine, par-delà ce public qu'il cerne mal, il s'adresse plus particulièrement aux communistes, dont il voudrait se rapprocher. Quelques mois plus tôt, encore, il écrivait dans leurs journaux clandestins ; à présent les ponts sont rompus et leur hostilité semble croître avec l'expansion de l'existentialisme.*

Or ce n'est pas un raisonnement théorique qui a conduit Sartre à vouloir ce rapprochement. L'Être et le Néant, *il l'a mûri pendant des années, l'a construit dans une sorte d'euphorie solitaire durant les loisirs forcés de la « drôle de guerre » et au Stalag ; mais toute cette puissance intellectuelle déployée à découvrir une*

---

1. Ce n'était pas sa première tentative : il en avait proposé une définition et répondu aux critiques des communistes dans l'hebdomadaire *Action*. Cf. « À propos de l'existentialisme : Mise au point », 29 décembre 1944 (in *Les écrits de Sartre*, par Contat et Rybalka, Gallimard, 1970).

vérité sur l'Être et sur l'homme dans le monde ne l'a pas empêché de sentir son impuissance sous l'Occupation. S'il aspire à l'action collective, c'est qu'il a éprouvé le poids de l'Histoire et reconnu l'importance du social. En ce même mois d'octobre, le premier numéro des Temps modernes *est paru ; cette revue qu'il vient de fonder entend soutenir les luttes sociales et économiques de la gauche, dont le parti des Fusillés est devenu le premier représentant, et par ses chroniques, ses reportages, ses études, œuvrer à la libération de l'homme. Mais l'équipe des* Temps modernes *se réserve la liberté de critique : « Nous nous rangeons du côté de ceux qui veulent changer à la fois la condition sociale de l'homme et la conception qu'il a de lui-même. Aussi, à propos des événements politiques et sociaux qui viennent, notre revue prendra position en chaque cas. Elle ne le fera pas politiquement, c'est-à-dire qu'elle ne servira aucun parti* [1]. »

Cette liberté de jugement, les théoriciens du Parti n'en veulent pas ; elle « fait le jeu de la réaction », selon l'expression consacrée de L'Humanité [2]. *Sur le plan théorique aussi, l'idée de liberté fait problème. Dans cette conférence, Sartre voudrait au moins, au point où il en est de sa recherche philosophique, convaincre les marxistes du P.C. qu'elle ne contredit pas la conception marxiste de la détermination de l'homme*

1. Cf. Présentation des *Temps modernes*, 1ᵉʳ numéro de la revue, octobre 1945, repris dans *Situations*, *II*, Gallimard, 1948.
2. In *Les existentialistes et la politique*, de M.-A. Burnier, Gallimard, 1966.

par l'économique. « Ce n'est pas sous le même rapport qu'un homme est libre et enchaîné », écrira-t-il encore dans Matérialisme et Révolution[1] où il s'expliquera plus à l'aise sur ses divergences avec les communistes.

On le somme de justifier moralement son engagement à partir de L'Être et le Néant[2]; mieux, on en tire à sa place des conséquences morales néfastes qu'on lui reproche aussitôt. Dans l'espoir de dissiper les malentendus, Sartre est entraîné ici à schématiser ses propres thèses, à n'en souligner que ce qu'on entendra. Il en vient à gommer la dimension dramatique du rapport indissoluble de la réalité-humaine à l'Être : sa conception personnelle de l'angoisse, par exemple, héritée de Kierkegaard et de Heidegger, et réinventée, qui tient une place centrale dans son essai d'ontologie, est réduite ici à l'angoisse éthique du chef militaire au moment d'envoyer ses troupes à l'assaut. Cet effort de vulgarisation et de conciliation sera vain : les marxistes ne désarmeront pas.

Mais y avait-il réellement malentendu ? On peut en douter si l'on prend garde à cette phrase de Pierre

1. *Les Temps modernes*, n°s 9 et 10, juin et juillet 1946, repris dans *Situations, III*, Gallimard, 1949.
2. Sa thèse de la liberté originelle, d'où découle engagement et responsabilité, ne fait que *laisser entrevoir ce que sera une éthique*, à laquelle il se promettait de consacrer un prochain ouvrage (cf. *L'Être et le Néant*, quatrième partie et conclusion).

Naville[1] dans l'échange qui suivit la conférence[2] : « Je laisse de côté toutes les questions spéciales qui ont trait à la technique philosophique... » Pas facile, pour le philosophe, de dialoguer si l'interlocuteur met en cause sa doctrine tout en refusant de parler philosophie ! Dans la revue de Naville, une note de compte rendu se félicitera de cette discussion approximative : « La contradiction est faite par Pierre Naville... Mieux que dans des exposés plus serrés, on voit clairement ce qui différencie le marxisme de l'existentialisme et de toute philosophie (...)[3] » En réalité, s'il faut contrer l'existentialisme sartrien, qui suscite de l'intérêt parmi la jeunesse, ce n'est pas seulement pour l'une ou l'autre de ses thèses, c'est, surtout, qu'il risque de semer trouble et hésitation dans les esprits. « Vous

1. Journaliste et sociologue, ancien surréaliste et militant communiste, Pierre Naville (1904-1993) fut exclu du Parti en 1928 pour trotskysme ; il fut dirigeant du mouvement trotskyste de 1929 à 1939. En 1945, il fonde *La Revue internationale* et se rapproche du Parti. Évoquant cette époque, son ami Maurice Nadeau témoigne : « Pour les survivants que nous sommes à plus d'un titre, y compris en tant que survivants du "trotskysme", il nous faut repenser la situation à l'aide de la boussole qui nous reste : le marxisme. » Cf. *Grâces leur soient rendues*, Albin Michel, 1990.
2. Voir à la fin du volume.
3. *La Revue internationale* n° 4, avril 1946. C'est nous qui soulignons. « C'est que les marxistes contemporains ne peuvent se dépouiller d'eux-mêmes : ils *refusent* la phrase ennemie (par peur, par haine, par paresse) dans le moment même où ils veulent s'ouvrir à elle. Cette contradiction les bloque... » C'est ainsi que Sartre jugera ses échanges manqués avec les marxistes. Cf. *Questions de méthode*, in *Critique de la Raison dialectique*, tome I, nouvelle édition, Gallimard, 1985.

empêchez les gens de venir à nous », lui dira Roger Garaudy ; et Elsa Triolet : « Vous êtes philosophe, donc antimarxiste. » De fait, si le théoricien communiste considère que débattre du marxisme, c'est affaiblir les certitudes indispensables au militant pour lutter (inutilement d'ailleurs, car le marxisme contient toutes les vérités nécessaires pour changer le monde), alors est étranger à lui l'esprit de la démarche philosophique dont Sartre réaffirmera la valeur en 1948 : « Vouloir la Vérité, c'est préférer l'Être à tout, même sous une forme catastrophique, simplement parce qu'il est[1]. » Il s'attachera plus tard à montrer que par la conception de l'homme qu'il propose — enrichie entre-temps de ses essais biographiques —, l'existentialisme n'est pas, face au marxisme, une philosophie de trop[2].

Rien d'étonnant, en tout cas, à ce que Sartre ait regretté très vite d'avoir laissé publier L'existentialisme est un humanisme. On a beaucoup lu cette conférence, considérée comme une introduction suffisante à L'Être et le Néant, ce qu'elle n'est pas : exposé clair mais réducteur, elle se ressent des contradictions dans lesquelles Sartre est pris cette année-là ; il veut passionnément participer à la vie collective aux côtés du parti communiste, qui porte l'espoir de millions de gens en cette première année d'après-guerre où les transformations de la société les plus radicales semblent possibles ; mais son choix n'est pas fondé

1. In *Vérité et existence*, écrit posthume, Gallimard, 1989.
2. Cf. *Questions de méthode, op. cit.*

philosophiquement. Il y a les critiques hostiles que les marxistes lui font sans l'avoir lu, Marx lui-même qu'il n'a pas encore sérieusement étudié ; sa réflexion sur la dimension sociale et historique de l'homme commence à peine — et d'ailleurs l'éidétique phénoménologique est-elle le bon outil pour penser l'être collectif ? « Il y a un facteur essentiel, en philosophie, c'est le temps », écrira Sartre dans Questions de méthode. « Il en faut beaucoup pour écrire un ouvrage théorique. » Il a été pris, cette année-là, à contretemps.

L'existentialisme est un humanisme *est donc un écrit de circonstance mais qui, pour peu qu'on ait déjà abordé l'œuvre de Sartre sous son aspect littéraire ou philosophique, permet de saisir le tout premier moment, encore flou, intimement conflictuel, d'un tournant dans sa vie intellectuelle. Un nouveau cycle de recherche philosophique va commencer. Les objections à son ouvrage, dont il essaie de faire l'inventaire dans cette conférence, aussi confuses et hostiles qu'elles soient, provoqueront en lui des questions nouvelles qu'il traitera philosophiquement dans* Critique de la Raison dialectique, *après un libre mûrissement dont témoignent, entre autres, ses écrits posthumes.*

Arlette Elkaïm-Sartre

L'existentialisme
est un humanisme

Je voudrais ici défendre l'existentialisme contre un certain nombre de reproches qu'on lui a adressés.

Les critiques adressées à l'existentialisme

On lui a d'abord reproché d'inviter les gens à demeurer dans un quiétisme du désespoir, parce que, toutes les solutions étant fermées, il faudrait considérer que l'action dans ce monde est totalement impossible, et d'aboutir finalement à une philosophie contemplative, ce qui d'ailleurs, car la contemplation est un luxe, nous ramène à une philosophie bourgeoise. Ce sont surtout là les reproches des communistes.

Les critiques des marxistes

On nous a reproché, d'autre part, de souligner l'ignominie humaine, de montrer partout le sordide, le louche, le visqueux, et de négliger un certain nombre de beautés

21

riantes, le côté lumineux de la nature humaine ; par exemple, selon Mlle Mercier, critique catholique, d'avoir oublié le sourire de l'enfant. Les uns et les autres nous reprochent d'avoir manqué à la solidarité humaine, de considérer que l'homme est isolé, en grande partie d'ailleurs parce que nous partons, disent les communistes, de la subjectivité pure, c'est-à-dire du *je pense* cartésien, c'est-à-dire encore du moment où l'homme s'atteint dans sa solitude, ce qui nous rendrait incapables par la suite de retourner à la solidarité avec les hommes qui sont hors de moi et que je ne peux pas atteindre dans le *cogito*.

Et du côté chrétien, on nous reproche de nier la réalité et le sérieux des entreprises humaines, puisque si nous supprimons les commandements de Dieu et les valeurs inscrites dans l'éternité, il ne reste plus que la stricte gratuité, chacun pouvant faire ce qu'il veut, et étant incapable de son point de vue de condamner les points de vue et les actes des autres.

Les critiques des catholiques

C'est à ces différents reproches que

je cherche à répondre aujourd'hui; c'est pourquoi j'ai intitulé ce petit exposé : L'existentialisme est un humanisme. Beaucoup pourront s'étonner de ce qu'on parle ici d'humanisme. Nous essaierons de voir dans quel sens nous l'entendons. En tout cas, ce que nous pouvons dire dès le début, c'est que nous entendons par existentialisme une doctrine qui rend la vie humaine possible et qui, par ailleurs, déclare que toute vérité et toute action impliquent un milieu et une subjectivité humaine. Le

Pessimisme et existentialisme

reproche essentiel qu'on nous fait, on le sait, c'est de mettre l'accent sur le mauvais côté de la vie humaine. Une dame dont on m'a parlé récemment, lorsque par nervosité, elle lâche un mot vulgaire, déclare en s'excusant : « Je crois que je deviens existentialiste. » Par conséquent, on assimile laideur à existentialisme; c'est pourquoi on déclare que nous

Naturalisme et existentialisme

sommes naturalistes; et si nous le sommes, on peut s'étonner que nous effrayions, que nous scandalisions beaucoup plus que le naturalisme proprement dit n'effraye et n'indigne aujourd'hui. Tel qui encaisse parfaitement un roman de Zola, comme *La Terre*, est écœuré dès qu'il lit un roman existentialiste ; tel qui utilise la sagesse des nations — qui est fort triste — nous trouve plus triste encore. Pourtant, quoi de plus désabusé que de dire « charité bien ordonnée commence par soi-même », ou encore « oignez vilain il vous poindra, poignez vilain il vous oindra » ? On connaît les lieux communs qu'on peut utiliser à ce sujet et qui montrent toujours la même chose : il ne faut pas lutter contre les pouvoirs établis, il ne faut pas lutter contre la force, il ne faut pas entreprendre au-dessus de sa condition, toute action qui ne s'insère pas dans une tradition est un romantisme, toute tentative qui ne s'appuie pas sur une expérience éprouvée est vouée à l'échec ; et l'expérience montre que les hommes vont toujours vers le bas, qu'il faut des corps solides pour les tenir, sinon c'est l'anarchie. Ce sont cependant les gens qui rabâchent ces tristes proverbes, les gens qui disent : comme c'est humain, chaque fois qu'on leur

La sagesse des nations

24

montre un acte plus ou moins répugnant, les gens qui se repaissent des chansons réalistes, ce sont ces gens-là qui reprochent à l'existentialisme d'être trop sombre, et au point que je me demande s'ils ne lui font pas grief, non de son pessimisme, mais bien plutôt de son optimisme. Est-ce qu'au fond, ce qui fait peur, dans la doctrine que je vais essayer de vous exposer, ce n'est pas le fait qu'elle laisse une possibilité de choix à l'homme ? Pour le savoir, il faut que nous revoyions la question sur un plan strictement philosophique. Qu'est-ce qu'on appelle existentialisme ?

La « mode » existentialiste

La plupart des gens qui utilisent ce mot seraient bien embarrassés pour le justifier, puisque, aujourd'hui que c'est devenu une mode, on déclare volontiers qu'un musicien ou qu'un peintre est existentialiste. Un échotier de *Clartés* signe *l'Existentialiste* ; et au fond le mot a pris aujourd'hui une telle largeur et une telle extension qu'il ne signifie plus rien du tout. Il semble que, faute de doctrine d'avant-garde analogue au surréalisme, les gens avides de scandale et de mouvement s'adressent à cette philosophie, qui ne peut d'ailleurs rien leur apporter dans ce domaine; en réalité c'est la doctrine la moins scandaleuse, la plus austère; elle est strictement destinée aux techniciens et aux philosophes. Pourtant, elle peut se définir facilement. Ce qui rend les choses compliquées, c'est qu'il y a deux espèces d'existentialistes : les premiers, qui sont chrétiens, et parmi lesquels je rangerai Jaspers et Gabriel Marcel, de confession catholique; et, d'autre part, les existentialistes athées parmi lesquels il faut ranger Heidegger[1], et aussi les existentialistes français et moi-même. Ce qu'ils ont en commun, c'est simplement le fait qu'ils estiment que l'existence précède l'essence, ou, si vous voulez, qu'il faut partir de la subjectivité. Que faut-il au juste entendre par là? Lorsqu'on considère un objet fabriqué, comme par exemple un livre ou un coupe-papier, cet objet a été fabriqué par un artisan qui s'est inspiré d'un concept; il s'est référé au concept de coupe-papier, et également à une technique de production

Il y a deux écoles existentialistes

L'existence précède l'essence

préalable qui fait partie du concept, et qui est au fond une recette. Ainsi, le coupe-papier est à la fois un objet qui se produit d'une certaine manière et qui, d'autre part, a une utilité définie, et on ne peut pas supposer un homme qui produirait un coupe-papier sans savoir à quoi l'objet va servir. Nous dirons donc que, pour le coupe-papier, l'essence — c'est-à-dire l'ensemble des recettes et des qualités qui permettent de le produire et de le définir — précède l'existence ; et ainsi la présence, en face de moi, de tel coupe-papier ou de tel livre est déterminée. Nous avons donc là une vision technique du monde, dans laquelle on peut dire que la production précède l'existence.

Vision technique du monde

Lorsque nous concevons un Dieu créateur, ce Dieu est assimilé la plupart du temps à un artisan supérieur ; et quelle que soit la doctrine que nous considérions, qu'il s'agisse d'une doctrine comme celle de Descartes ou de la doctrine de Leibniz, nous admettons toujours que la volonté suit plus ou moins l'entendement ou, tout au moins,

L'homme et Dieu chez les philosophes du XVIIe siècle

l'accompagne, et que Dieu, lorsqu'il crée, sait précisément ce qu'il crée. Ainsi, le concept d'homme, dans l'esprit de Dieu, est assimilable au concept de coupe-papier dans l'esprit de l'industriel; et Dieu produit l'homme suivant des techniques et une conception, exactement comme l'artisan fabrique un coupe-papier suivant une définition et une technique. Ainsi l'homme individuel réalise un certain concept qui est dans l'entendement divin. Au XVIIIᵉ siècle, dans l'athéisme des philosophes, la notion de Dieu est supprimée, mais non pas pour autant l'idée que l'essence précède l'existence. Cette idée, nous la retrouvons un peu partout : nous la retrouvons chez Diderot, chez Voltaire, et même chez Kant. L'homme est possesseur d'une nature humaine; cette nature humaine, qui est le concept humain, se retrouve chez tous les hommes, ce qui signifie que chaque homme est un exemple particulier d'un concept universel, l'homme; chez Kant, il résulte de cette universalité que l'homme des bois, l'homme de la nature, comme le

La nature humaine chez les philosophes du XVIIIᵉ siècle

28

bourgeois sont astreints à la même définition et possèdent les mêmes qualités de base. Ainsi, là encore, l'essence d'homme précède cette existence historique que nous rencontrons dans la nature.

L'existentialisme athée, que je représente, est plus cohérent. Il déclare que si Dieu n'existe pas, il y a au moins un être chez qui l'existence précède l'essence, un être qui existe avant de pouvoir être défini par aucun concept et que cet être c'est l'homme ou, comme dit Heidegger, la réalité-humaine. Qu'est-ce que signifie ici que l'existence précède l'essence ? Cela signifie que l'homme existe d'abord, se rencontre, surgit dans le monde, et qu'il se définit après. L'homme, tel que le conçoit l'existentialiste, s'il n'est pas définissable, c'est qu'il n'est d'abord rien. Il ne sera qu'ensuite, et il sera tel qu'il se sera fait. Ainsi, il n'y a pas de nature humaine, puisqu'il n'y a pas de Dieu pour la concevoir. L'homme est non seulement tel qu'il se conçoit, mais tel qu'il se veut, et comme il se conçoit après l'existence, comme il se veut après cet

L'existentialisme athée

La conception existentialiste de l'homme

L'homme est ce qu'il se fait

élan vers l'existence, l'homme n'est rien d'autre que ce qu'il se fait. Tel est le premier principe de l'existentialisme. C'est aussi ce qu'on appelle la subjectivité, et que l'on nous reproche sous ce nom même. Mais que voulons-nous dire par là, sinon que l'homme a une plus grande dignité que la pierre ou que la table ? Car nous voulons dire que l'homme existe d'abord, c'est-à-dire que l'homme est d'abord ce qui se jette vers un avenir, et ce qui est conscient de se projeter dans l'avenir. L'homme est d'abord un projet qui se vit subjectivement, au lieu d'être une mousse, une pourriture ou un chou-fleur ; rien n'existe préalablement à ce projet ; rien n'est au ciel intelligible, et l'homme sera d'abord ce qu'il aura projeté d'être. Non pas ce qu'il voudra être. Car ce que nous entendons ordinairement par vouloir, c'est une décision consciente, et qui est pour la plupart d'entre nous postérieure à ce qu'il s'est fait lui-même. Je peux vouloir adhérer à un parti, écrire un livre, me marier, tout cela n'est qu'une manifestation d'un choix plus origi-

Le projet

30

nel, plus spontané que ce qu'on appelle volonté. Mais si vraiment l'existence précède l'essence, l'homme est responsable de ce qu'il est. Ainsi, la première démarche de l'existentialisme est de mettre tout homme en possession de ce qu'il est et de faire reposer sur lui la responsabilité totale de son existence. Et, quand nous disons que l'homme est responsable de lui-même, nous ne voulons pas dire que l'homme est responsable de sa stricte individualité, mais qu'il est responsable de tous les hommes. Il y a deux sens au mot subjectivisme, et nos adversaires jouent sur ces deux sens. Subjectivisme veut dire d'une part choix du sujet individuel par lui-même, et, d'autre part, impossibilité pour l'homme de dépasser la subjectivité humaine. C'est le second sens qui est le sens profond de l'existentialisme. Quand nous disons que l'homme se choisit, nous entendons que chacun d'entre nous se choisit, mais par là nous voulons dire aussi qu'en se choisissant il choisit tous les hommes. En effet, il n'est pas un de nos actes qui, en créant l'homme

L'homme est pleinement responsable

Le choix

que nous voulons être, ne crée en même temps une image de l'homme tel que nous estimons qu'il doit être. Choisir d'être ceci ou cela, c'est affirmer en même temps la valeur de ce que nous choisissons, car nous ne pouvons jamais choisir le mal; ce que nous choisissons, c'est toujours le bien, et rien ne peut être bon pour nous sans l'être pour tous. Si l'existence, d'autre part, précède l'essence et que nous voulions exister en même temps que nous façonnons notre image, cette image est valable pour tous et pour notre époque tout entière. Ainsi, notre responsabilité est beaucoup plus grande que nous ne pourrions le supposer, car elle engage l'humanité entière. Si je suis ouvrier, et si je choisis d'adhérer à un syndicat chrétien plutôt que d'être communiste, si, par cette adhésion, je veux indiquer que la résignation est au fond la solution qui convient à l'homme, que le royaume de l'homme n'est pas sur la terre, je n'engage pas seulement mon cas : je veux être résigné pour tous, par conséquent ma démarche a engagé l'humanité tout entière. Et

L'homme se choisit en choisissant tous les hommes

L'acte individuel engage toute l'humanité

32

si je veux, fait plus individuel, me marier, avoir des enfants, même si ce mariage dépend uniquement de ma situation, ou de ma passion, ou de mon désir, par là j'engage non seulement moi-même, mais l'humanité tout entière sur la voie de la monogamie. Ainsi je suis responsable pour moi-même et pour tous, et je crée une certaine image de l'homme que je choisis; en me choisissant, je choisis l'homme.

Ceci nous permet de comprendre ce que recouvrent des mots un peu grandiloquents comme angoisse, délaissement, désespoir. Comme vous allez voir, c'est extrêmement simple. D'abord, qu'entend-on par angoisse? L'existentialiste déclare volontiers que l'homme est angoisse. Cela signifie ceci : l'homme qui s'engage et qui se rend compte qu'il est non seulement celui qu'il choisit d'être, mais encore un législateur choisissant en même temps que soi l'humanité entière, ne saurait échapper au sentiment de sa totale et profonde responsabilité. Certes, beaucoup de gens ne sont pas anxieux; mais nous prétendons qu'ils se

L'angoisse

33

masquent leur angoisse, qu'ils la fuient ; certainement, beaucoup de gens croient en agissant n'engager qu'eux-mêmes, et lorsqu'on leur dit : mais si tout le monde faisait comme ça ? ils haussent les épaules et répondent : tout le monde ne fait pas comme ça. Mais en vérité, on doit toujours se demander : qu'arriverait-il si tout le monde en faisait autant ? et on n'échappe à cette pensée inquiétante que par une sorte de mauvaise foi. Celui qui ment et qui s'excuse en déclarant : tout le monde ne fait pas comme ça, est quelqu'un qui est mal à l'aise avec sa conscience, car le fait de mentir implique une valeur universelle attribuée au mensonge. Même lorsqu'elle se masque l'angoisse apparaît. C'est cette angoisse que Kierkegaard appelait l'angoisse d'Abraham. Vous connaissez l'histoire : Un ange a ordonné à Abraham de sacrifier son fils : tout va bien si c'est vraiment un ange qui est venu et qui a dit : tu es Abraham, tu sacrifieras ton fils. Mais chacun peut se demander, d'abord, est-ce que c'est bien un ange, et est-ce que

Angoisse et mauvaise foi

je suis bien Abraham ? Qu'est-ce qui me le prouve ? Il y avait une folle qui avait des hallucinations : on lui parlait par téléphone et on lui donnait des ordres. Le médecin lui demanda : « Mais qui est-ce qui vous parle ? » Elle répondit : « Il dit que c'est Dieu. » Et qu'est-ce qui lui prouvait, en effet, que c'était Dieu ? Si un ange vient à moi, qu'est-ce qui prouve que c'est un ange ? Et si j'entends des voix, qu'est-ce qui prouve qu'elles viennent du ciel et non de l'enfer, ou d'un subconscient, ou d'un état pathologique ? Qui prouve qu'elles s'adressent à moi ? Qui prouve que je suis bien désigné pour imposer ma conception de l'homme et mon choix à l'humanité ? Je ne trouverai jamais aucune preuve, aucun signe pour m'en convaincre. Si une voix s'adresse à moi, c'est toujours moi qui déciderai que cette voix est la voix de l'ange ; si je considère que tel acte est bon, c'est moi qui choisirai de dire que cet acte est bon plutôt que mauvais. Rien ne me désigne pour être Abraham, et pourtant je suis obligé à chaque instant de faire des actes

Kierkegaard et l'angoisse

Abraham et l'ange

35

exemplaires. Tout se passe comme si, pour tout homme, toute l'humanité avait les yeux fixés sur ce qu'il fait et se réglait sur ce qu'il fait. Et chaque homme doit se dire : suis-je bien celui qui a le droit d'agir de telle sorte que l'humanité se règle sur mes actes ? Et s'il ne se dit pas cela, c'est qu'il se masque l'angoisse. Il ne s'agit pas là d'une angoisse qui conduirait au quiétisme, à l'inaction. Il s'agit d'une angoisse simple, que tous ceux qui ont eu des responsabilités connaissent. Lorsque, par exemple, un chef militaire prend la responsabilité d'une attaque et envoie un certain nombre d'hommes à la mort, il choisit de le faire, et au fond il choisit seul. Sans doute il y a des ordres qui viennent d'en haut, mais ils sont trop larges et une interprétation s'impose, qui vient de lui, et de cette interprétation dépend la vie de dix ou quatorze ou vingt hommes. Il ne peut pas ne pas avoir, dans la décision qu'il prend, une certaine angoisse. Tous les chefs connaissent cette angoisse. Cela ne les empêche pas d'agir, au contraire, c'est la condition même de leur

L'angoisse ne conduit pas à l'inaction

Angoisse et responsabilité

action ; car cela suppose qu'ils envisagent une pluralité de possibilités, et lorsqu'ils en choisissent une, ils se rendent compte qu'elle n'a de valeur que parce qu'elle est choisie. Et cette sorte d'angoisse, qui est celle que décrit l'existentialisme, nous verrons qu'elle s'explique en outre par une responsabilité directe vis-à-vis des autres hommes qu'elle engage. Elle n'est pas un rideau qui nous séparerait de l'action, mais elle fait partie de l'action même.

Et lorsqu'on parle de délaissement, expression chère à Heidegger, nous voulons dire seulement que Dieu n'existe pas, et qu'il faut en tirer jusqu'au bout les conséquences. L'existentialiste est très opposé à un certain type de morale laïque qui voudrait supprimer Dieu avec le moins de frais possible. Lorsque, vers 1880, des professeurs français essayèrent de constituer une morale laïque, ils dirent à peu près ceci : Dieu est une hypothèse inutile et coûteuse, nous la supprimons, mais il est nécessaire cependant, pour qu'il y ait une morale, une société, un monde policé, que certaines

La morale laïque

37

valeurs soient prises au sérieux et considérées comme existant *a priori*; il faut qu'il soit obligatoire *a priori* d'être honnête, de ne pas mentir, de ne pas battre sa femme, de faire des enfants, etc., etc... Nous allons donc faire un petit travail qui permettra de montrer que ces valeurs existent tout de même, inscrites dans un ciel intelligible, bien que, par ailleurs, Dieu n'existe pas. Autrement dit, et c'est, je crois, la tendance de tout ce qu'on appelle en France le radicalisme, rien ne sera changé si Dieu n'existe pas; nous retrouverons les mêmes normes d'honnêteté, de progrès, d'humanisme, et nous aurons fait de Dieu une hypothèse périmée qui mourra tranquillement et d'elle-même. L'existentialiste, au contraire, pense qu'il est très gênant que Dieu n'existe pas, car avec lui disparaît toute possibilité de trouver des valeurs dans un ciel intelligible; il ne peut plus y avoir de bien *a priori*, puisqu'il n'y a pas de conscience infinie et parfaite pour le penser; il n'est écrit nulle part que le bien existe, qu'il faut être honnête, qu'il

Le radicalisme

ne faut pas mentir, puisque précisément nous sommes sur un plan où il y a seulement des hommes. Dostoïevsky avait écrit : « Si Dieu n'existait pas, tout serait permis. » C'est là le point de départ de l'existentialisme. En effet, tout est permis si Dieu n'existe pas, et par conséquent l'homme est délaissé, parce qu'il ne trouve ni en lui, ni hors de lui une possibilité de s'accrocher. Il ne trouve d'abord pas d'excuses. Si, en effet, l'existence précède l'essence, on ne pourra jamais expliquer par référence à une nature humaine donnée et figée ; autrement dit, il n'y a pas de déterminisme, l'homme est libre, l'homme est liberté. Si, d'autre part, Dieu n'existe pas, nous ne trouvons pas en face de nous des valeurs ou des ordres qui légitimeront notre conduite. Ainsi, nous n'avons ni derrière nous, ni devant nous, dans le domaine numineux des valeurs, des justifications ou des excuses. Nous sommes seuls, sans excuses. C'est ce que j'exprimerai en disant que l'homme est condamné à être libre. Condamné, parce qu'il ne s'est pas créé lui-même, et par ailleurs cepen-

Dostoïevsky et l'existentialisme

L'homme est liberté

dant libre, parce qu'une fois jeté dans le monde, il est responsable de tout ce qu'il fait. L'existentialiste ne croit pas à la puissance de la passion. Il ne pensera jamais qu'une belle passion est un torrent dévastateur qui conduit fatalement l'homme à certains actes, et qui, par conséquent, est une excuse. Il pense que l'homme est responsable de sa passion. L'existentialiste ne pensera pas non plus que l'homme peut trouver un secours dans un signe donné, sur terre, qui l'orientera ; car il pense que l'homme déchiffre lui-même le signe comme il lui plaît. Il pense donc que l'homme, sans aucun appui et sans aucun secours, est condamné à chaque instant à inventer l'homme. Ponge a dit, dans un très bel article : « L'homme est l'avenir de l'homme[2]. » C'est parfaitement exact. Seulement, si on entend par là que cet avenir est inscrit au ciel, que Dieu le voit, alors c'est faux, car ce ne serait même plus un avenir. Si l'on entend que, quel que soit l'homme qui apparaît, il y a un avenir à faire, un avenir vierge qui l'attend, alors ce mot est juste. Mais

L'homme invente l'homme

Le délaissement

Un exemple

alors, on est délaissé. Pour vous donner un exemple qui permette de mieux comprendre le délaissement, je citerai le cas d'un de mes élèves qui est venu me trouver dans les circonstances suivantes : son père était brouillé avec sa mère, et d'ailleurs inclinait à collaborer, son frère aîné avait été tué dans l'offensive allemande de 1940, et ce jeune homme, avec des sentiments un peu primitifs, mais généreux, désirait le venger. Sa mère vivait seule avec lui, très affligée par la demi-trahison de son père et par la mort de son fils aîné, et ne trouvait de consolation qu'en lui. Ce jeune homme avait le choix, à ce moment-là, entre partir pour l'Angleterre et s'engager dans les Forces Françaises Libres — c'est-à-dire, abandonner sa mère — ou demeurer auprès de sa mère, et l'aider à vivre. Il se rendait bien compte que cette femme ne vivait que par lui et que sa disparition — et peut-être sa mort — la plongerait dans le désespoir. Il se rendait aussi compte qu'au fond, concrètement, chaque acte qu'il faisait à l'égard de sa mère avait son répondant, dans ce sens qu'il l'aidait à vivre, au lieu que chaque acte qu'il ferait pour partir et combattre était un acte ambigu qui pouvait se perdre dans les sables, ne servir à rien : par exemple, partant pour l'Angleterre, il pouvait rester indéfiniment dans un camp espagnol, en passant par l'Espagne ; il pouvait arriver en Angleterre ou à Alger et être mis dans un bureau pour faire des écritures. Par conséquent, il se trouvait en face de deux types d'action très différents : une concrète, immédiate, mais ne s'adressant qu'à un individu ; ou bien une action qui s'adressait à un ensemble infiniment plus vaste, une collectivité nationale, mais qui était par là même ambiguë, et qui pouvait être interrompue en route. Et, en même temps, il hésitait entre deux types de morale. D'une part, une morale de la sympathie, du dévouement individuel ; et d'autre part, une morale plus large, mais d'une efficacité plus contestable. Il fallait choisir entre les deux. Qui pouvait l'aider à choisir ? La doctrine chrétienne ? Non. La doctrine chrétienne dit : soyez charitable,

Les deux morales

aimez votre prochain, sacrifiez-vous à autrui, choisissez la voie la plus rude, etc., etc... Mais quelle est la voie la plus rude ? Qui doit-on aimer comme son frère, le combattant ou la mère ? Quelle est l'utilité la plus grande, celle, vague, de combattre dans un ensemble, ou celle, précise, d'aider un être précis à vivre ? Qui peut en décider *a priori* ? Personne. Aucune morale inscrite ne peut le dire. La morale kantienne dit : ne traitez jamais les autres comme moyen mais comme fin. Très bien ; si je demeure auprès de ma mère, je la traiterai comme fin et non comme moyen, mais de ce fait même, je risque de traiter comme moyen ceux qui combattent autour de moi ; et réciproquement si je vais rejoindre ceux qui combattent je les traiterai comme fin, et de ce fait je risque de traiter ma mère comme moyen.

Valeur et sentiment

Si les valeurs sont vagues, et si elles sont toujours trop vastes pour le cas précis et concret que nous considérons, il ne nous reste qu'à nous fier à nos instincts. C'est ce que ce jeune homme a essayé de faire ; et quand je l'ai vu, il disait : au fond, ce qui compte, c'est le sentiment; je devrais choisir ce qui me pousse vraiment dans une certaine direction. Si je sens que j'aime assez ma mère pour lui sacrifier tout le reste — mon désir de vengeance, mon désir d'action, mon désir d'aventures — je reste auprès d'elle. Si, au contraire, je sens que mon amour pour ma mère n'est pas suffisant, je pars. Mais comment déterminer la valeur d'un sentiment? Qu'est-ce qui faisait la valeur de son sentiment pour sa mère? Précisément le fait qu'il restait pour elle. Je puis dire : j'aime assez tel ami pour lui sacrifier telle somme d'argent; je ne puis le dire que si je l'ai fait. Je puis dire : j'aime assez ma mère pour rester auprès d'elle, si je suis resté auprès d'elle. Je ne puis déterminer la valeur de cette affection que si, précisément, j'ai fait un acte qui l'entérine et qui la définit. Or, comme je demande à cette affection de justifier mon acte, je me trouve entraîné dans un cercle vicieux.

D'autre part, Gide a fort bien dit qu'un sentiment qui se joue ou un sentiment qui se vit sont deux choses presque indiscernables : décider que j'aime ma mère en restant auprès d'elle, ou jouer une comédie qui fera que je reste pour ma mère, c'est un peu la même chose. Autrement dit, le sentiment se construit par les actes qu'on fait ; je ne puis donc pas le consulter pour me guider sur lui. Ce qui veut dire que je ne puis ni chercher en moi l'état authentique qui me poussera à agir, ni demander à une morale les concepts qui me permettront d'agir. Au moins, direz-vous, est-il allé voir un professeur pour lui demander conseil. Mais, si vous cherchez un conseil auprès d'un prêtre, par exemple, vous avez choisi ce prêtre, vous saviez déjà au fond, plus ou moins, ce qu'il allait vous conseiller. Autrement dit, choisir le conseilleur, c'est encore s'engager soi-même. La preuve en est que, si vous êtes chrétien, vous direz : consultez un prêtre. Mais il y a des prêtres collaborationnistes, des prêtres attentistes, des prêtres résistants. Lequel choisir ? Et si le jeune homme choisit un prêtre résistant, ou un prêtre collaborationniste, il a déjà décidé

Le sentiment se construit par nos actes

Choix et engagement

du genre de conseil qu'il recevra. Ainsi, en venant me trouver, il savait la réponse que j'allais lui faire, et je n'avais qu'une réponse à faire : vous êtes libre, choisissez, c'est-à-dire inventez. Aucune morale générale ne peut vous indiquer ce qu'il y a à faire ; il n'y a pas de signe dans le monde. Les catholiques répondront : mais il y a des signes. Admettons-le ; c'est moi-même en tout cas qui choisis le sens qu'ils ont. J'ai connu, pendant que j'étais captif, un homme assez remarquable qui était jésuite ; il était entré dans l'ordre des Jésuites de la façon suivante : il avait subi un certain nombre d'échecs assez cuisants ; enfant, son père était mort en le laissant pauvre, et il avait été boursier dans une institution religieuse où on lui faisait constamment sentir qu'il était accepté par charité ; par la suite, il a manqué un certain nombre de distinctions honorifiques qui plaisent aux enfants ; puis, vers dix-huit ans, il a raté une aventure sentimentale ; enfin à vingt-deux ans, chose assez puérile, mais qui fut la goutte d'eau qui fit déborder le vase, il a manqué

Il n'y a pas de morale générale

Un exemple

sa préparation militaire. Ce jeune homme pouvait donc considérer qu'il avait tout raté ; c'était un signe, mais un signe de quoi ? Il pouvait se réfugier dans l'amertume ou dans le désespoir. Mais il a jugé, très habilement pour lui, que c'était le signe qu'il n'était pas fait pour des triomphes séculiers, et que seuls les triomphes de la religion, de la sainteté, de la foi, lui étaient accessibles. Il a donc vu là une parole de Dieu, et il est entré dans les ordres. Qui ne voit que la décision du sens du signe a été prise par lui tout seul ? On aurait pu conclure autre chose de cette série d'échecs : par exemple qu'il valait mieux qu'il fût charpentier ou révolutionnaire. Il porte donc l'entière responsabilité du déchiffrement. Le délaissement implique que nous choisissons nous-mêmes notre être. Le délaissement va avec l'angoisse. Quant au désespoir, cette expression a un sens extrêmement simple. Elle veut dire que nous nous bornerons à compter sur ce qui dépend de notre volonté, ou sur l'ensemble des probabilités qui rendent notre action possible.

Le désespoir

Quand on veut quelque chose, il y a toujours des éléments probables. Je puis compter sur la venue d'un ami. Cet ami vient en chemin de fer ou en tramway; cela suppose que le chemin de fer arrivera à l'heure dite, ou que le tramway ne déraillera pas. Je reste dans le domaine des possibilités; mais il ne s'agit de compter sur les possibles que dans la mesure stricte où notre action comporte l'ensemble de ces possibles. À partir du moment où les possibilités que je considère ne sont pas rigoureusement engagées par mon action, je dois m'en désintéresser, parce qu'aucun Dieu, aucun dessein ne peut adapter le monde et ses possibles à ma volonté. Au fond, quand Descartes disait : « Se vaincre plutôt soi-même que le monde », il voulait dire la même chose : agir sans espoir. Les marxistes, à qui j'ai parlé, me répondent : « Vous pouvez, dans votre action qui sera, évidemment, limitée par votre mort, compter sur l'appui des autres. Cela signifie, compter à la fois sur ce que les autres feront ailleurs, en Chine, en Russie, pour vous aider, et à la

Les possibles

Désespoir et action

fois sur ce qu'ils feront plus tard, après votre mort, pour reprendre l'action et la porter vers son accomplissement qui sera la Révolution. Vous devez même compter là-dessus, sinon vous n'êtes pas moral. » Je réponds d'abord que je compterai toujours sur des camarades de lutte dans la mesure où ces camarades sont engagés avec moi dans une lutte concrète et commune, dans l'unité d'un parti ou d'un groupement que je puis plus ou moins contrôler, c'est-à-dire dans lequel je suis à titre de militant et dont je connais à chaque instant les mouvements. À ce moment-là, compter sur l'unité et sur la volonté de ce parti, c'est exactement compter sur le fait que le tramway arrivera à l'heure ou que le train ne déraillera pas. Mais je ne puis pas compter sur des hommes que je ne connais pas en me fondant sur la

Il n'y a pas de nature humaine

bonté humaine, ou sur l'intérêt de l'homme pour le bien de la société, étant donné que l'homme est libre, et qu'il n'y a aucune nature humaine sur laquelle je puisse faire fond. Je ne sais ce que deviendra la révolution russe; je puis l'admirer et en faire un exemple dans la mesure où aujourd'hui me prouve que le prolétariat joue un rôle en Russie, qu'il ne joue dans aucune autre nation. Mais je ne puis affirmer que celle-ci conduira forcément à un triomphe du prolétariat; je dois me borner à ce que je vois; je ne puis pas être sûr que des camarades de lutte reprendront mon travail après ma mort pour le porter à un maximum de perfection, étant donné que ces hommes sont libres et qu'ils décideront librement demain de ce que sera l'homme; demain, après ma mort, des hommes peuvent décider d'établir le fascisme, et les autres peuvent être assez lâches et désemparés pour les laisser faire; à ce moment-là, le fascisme sera la vérité humaine, et tant pis pour nous; en réalité, les choses seront telles que l'homme aura décidé qu'elles soient. Est-ce que ça veut dire que je doive m'abandonner au quiétisme? Non. D'abord je dois m'engager, ensuite agir selon la vieille formule « il n'est pas besoin d'espérer pour entreprendre ». Ça ne veut pas dire que je

L'engagement

Histoire et choix humain

50

ne doive pas appartenir à un parti, mais que je serai sans illusion et que je ferai ce que je peux. Par exemple, si je me demande : la collectivisation, en tant que telle, arrivera-t-elle ? Je n'en sais rien, je sais seulement que tout ce qui sera en mon pouvoir pour la faire arriver, je le ferai ; en dehors de cela, je ne puis compter sur rien.

L'existentialisme s'oppose au quiétisme

Le quiétisme, c'est l'attitude des gens qui disent : les autres peuvent faire ce que je ne peux pas faire. La doctrine que je vous présente est justement à l'opposé du quiétisme, puisqu'elle déclare : il n'y a de réalité que dans l'action ; elle va plus loin d'ailleurs, puisqu'elle ajoute : l'homme n'est rien d'autre que son projet, il n'existe que dans la mesure où il se réalise, il n'est donc rien d'autre que l'ensemble de ses actes, rien d'autre que sa vie. D'après ceci, nous pouvons comprendre pourquoi notre doctrine fait horreur à un certain nombre de gens. Car souvent ils n'ont qu'une seule manière de supporter leur misère, c'est de penser : « Les circonstances ont été contre moi, je valais beaucoup mieux que

ce que j'ai été ; bien sûr, je n'ai pas
eu de grand amour, ou de grande
amitié, mais c'est parce que je n'ai
pas rencontré un homme ou une
femme qui en fussent dignes, je n'ai
pas écrit de très bons livres, c'est
parce que je n'ai pas eu de loisirs
pour le faire ; je n'ai pas eu d'enfants
à qui me dévouer, c'est parce que je
n'ai pas trouvé l'homme avec lequel
j'aurais pu faire ma vie. Sont restées
donc, chez moi, inemployées et
entièrement viables, une foule de
dispositions, d'inclinations, de possibilités qui me donnent une valeur
que la simple série de mes actes ne
permet pas d'inférer. » Or, en réalité,
pour l'existentialiste, il n'y a pas
d'amour autre que celui qui se
construit, il n'y a pas de possibilité
d'amour autre que celle qui se manifeste dans un amour ; il n'y a pas de
génie autre que celui qui s'exprime
dans des œuvres d'art : le génie de
Proust c'est la totalité des œuvres de
Proust ; le génie de Racine c'est la
série de ses tragédies, en dehors de
cela il n'y a rien ; pourquoi attribuer
à Racine la possibilité d'écrire une
nouvelle tragédie, puisque précisé-

La mauvaise
foi

L'homme est
ce qu'il fait

ment il ne l'a pas écrite ? Un homme s'engage dans sa vie, dessine sa figure, et en dehors de cette figure il n'y a rien. Évidemment, cette pensée peut paraître dure à quelqu'un qui n'a pas réussi sa vie. Mais d'autre part, elle dispose les gens à comprendre que seule compte la réalité, que les rêves, les attentes, les espoirs permettent seulement de définir un homme comme rêve déçu, comme espoirs avortés, comme attentes inutiles ; c'est-à-dire que ça les définit en négatif et non en positif ; cependant quand on dit « tu n'es rien d'autre que ta vie », cela n'implique pas que l'artiste sera jugé uniquement d'après ses œuvres d'art ; mille autres choses contribuent également à le définir. Ce que nous voulons dire, c'est qu'un homme n'est rien d'autre qu'une série d'entreprises, qu'il est la somme, l'organisation, l'ensemble des relations qui constituent ces entreprises.

Dans ces conditions, ce qu'on nous reproche là, ça n'est pas au fond notre pessimisme, mais une dureté optimiste. Si les gens nous

L'homme n'est rien d'autre que sa vie

reprochent nos œuvres romanesques dans lesquelles nous décrivons des êtres veules, faibles, lâches et quelquefois même franchement mauvais, ce n'est pas uniquement parce que ces êtres sont veules, faibles, lâches ou mauvais : car si, comme Zola, nous déclarions qu'ils sont ainsi à cause de l'hérédité, à cause de l'action du milieu, de la société, à cause d'un déterminisme organique ou psychologique, les gens seraient rassurés, ils diraient : voilà, nous sommes comme ça, personne ne peut rien y faire ; mais l'existentialiste, lorsqu'il décrit un lâche, dit que ce lâche est responsable de sa lâcheté. Il n'est pas comme ça parce qu'il a un cœur, un poumon ou un cerveau lâche, il n'est pas comme ça à partir d'une organisation physiologique mais il est comme ça parce qu'il s'est construit comme lâche par ses actes. Il n'y a pas de tempérament lâche ; il y a des tempéraments qui sont nerveux, il y a du sang pauvre, comme disent les bonnes gens, ou des tempéraments riches ; mais l'homme qui a un sang pauvre n'est pas lâche pour autant,

Pessimisme ou dureté optimiste ?

Responsabilité de l'homme

car ce qui fait la lâcheté, c'est l'acte de renoncer ou de céder, un tempérament ce n'est pas un acte ; le lâche est défini à partir de l'acte qu'il a fait. Ce que les gens sentent obscurément et qui leur fait horreur, c'est que le lâche que nous présentons est coupable d'être lâche. Ce que les gens veulent, c'est qu'on naisse lâche ou héros. Un des reproches qu'on fait le plus souvent aux *Chemins de la Liberté* se formule ainsi : mais enfin, ces gens qui sont si veules, comment en ferez-vous des héros ? Cette objection prête plutôt à rire car elle suppose que les gens naissent héros. Et au fond, c'est cela que les gens souhaitent penser : si vous naissez lâches, vous serez parfaitement tranquilles, vous n'y pouvez rien, vous serez lâches toute votre vie, quoi que vous fassiez ; si vous naissez héros, vous serez aussi parfaitement tranquilles, vous serez héros toute votre vie, vous boirez comme un héros, vous mangerez comme un héros. Ce que dit l'existentialiste, c'est que le lâche se fait lâche, que le héros se fait héros ; il y a toujours une possibilité pour le lâche de ne plus être lâche, et pour le héros de cesser d'être un héros. Ce qui compte, c'est l'engagement total, et ce n'est pas un cas particulier, une action particulière, qui vous engagent totalement.

Ainsi, nous avons répondu, je crois, à un certain nombre de reproches concernant l'existentialisme. Vous voyez qu'il ne peut pas être considéré comme une philosophie du quiétisme, puisqu'il définit l'homme par l'action; ni comme une description pessimiste de l'homme : il n'y a pas de doctrine plus optimiste, puisque le destin de l'homme est en lui-même; ni comme une tentative pour décourager l'homme d'agir puisqu'il lui dit qu'il n'y a d'espoir que dans son action, et que la seule chose qui permet à l'homme de vivre, c'est l'acte. Par conséquent, sur ce plan, nous avons affaire à une morale d'action et d'engagement. Cependant, on nous reproche encore, à partir de ces quelques données, de murer l'homme dans sa subjectivité individuelle. Là encore on nous comprend fort mal. Notre point de départ est en effet la subjectivité de

L'existentia-
lisme est
une doctrine
optimiste

La
subjectivité

56

l'individu, et ceci pour des raisons strictement philosophiques. Non pas parce que nous sommes bourgeois, mais parce que nous voulons une doctrine basée sur la vérité, et non un ensemble de belles théories, pleines d'espoir mais sans fondements réels. Il ne peut pas y avoir de vérité autre, au point de départ, que celle-ci : *je pense donc je suis*, c'est là la vérité absolue de la conscience

Le cogito

s'atteignant elle-même. Toute théorie qui prend l'homme en dehors de ce moment où il s'atteint lui-même est d'abord une théorie qui supprime la vérité, car, en dehors de ce *cogito* cartésien, tous les objets sont seulement probables, et une doctrine de probabilités, qui n'est pas suspendue à une vérité, s'effondre dans le néant ; pour définir le probable il faut posséder le vrai. Donc, pour qu'il y ait une vérité quelconque, il faut une vérité absolue ; et celle-ci est simple, facile à atteindre, elle est à la portée de tout le monde ; elle consiste à se saisir sans intermédiaire.

En second lieu, cette théorie est la seule à donner une dignité à l'homme, c'est la seule qui n'en fasse pas un objet. Tout matérialisme a pour effet de traiter tous les hommes, y compris soi-même, comme des objets, c'est-à-dire comme un ensemble de réactions déterminées, que rien ne distingue de l'ensemble des qualités et des phénomènes qui constituent une table ou une chaise ou une pierre. Nous voulons constituer précisément le règne humain comme un ensemble de valeurs distinctes du règne matériel. Mais la subjectivité que nous atteignons là à titre de vérité n'est pas une subjectivité rigoureusement individuelle, car nous avons démontré que dans le *cogito*, on ne se découvrait pas seulement soi-même, mais aussi les autres. Par le *je pense*, contrairement à la philosophie de Descartes, contrairement à la philosophie de Kant, nous nous atteignons nous-mêmes en face de l'autre, et l'autre est aussi certain pour nous que nous-mêmes. Ainsi, l'homme qui s'atteint directement par le *cogito* découvre aussi tous les autres, et il les découvre comme la condition de

Existentialisme et matérialisme

Subjectivité cartésienne et subjectivité existentielle

son existence. Il se rend compte qu'il ne peut rien être (au sens où l'on dit qu'on est spirituel, ou qu'on est méchant, ou qu'on est jaloux) sauf si les autres le reconnaissent comme tel. Pour obtenir une vérité quelconque sur moi, il faut que je passe par l'autre. L'autre est indispensable à mon existence, aussi bien d'ailleurs qu'à la connaissance que j'ai de moi. Dans ces conditions, la découverte de mon intimité me découvre en même temps l'autre, comme une liberté posée en face de moi, qui me pense, et qui ne veut que pour ou contre moi. Ainsi découvrons-nous tout de suite un monde que nous appellerons l'intersubjectivité, et c'est dans ce monde que l'homme décide ce qu'il est et ce que sont les autres.

L'existence d'autrui

La condition humaine

En outre, s'il est impossible de trouver en chaque homme une essence universelle qui serait la nature humaine, il existe pourtant une universalité humaine de *condition*. Ce n'est pas par hasard que les penseurs d'aujourd'hui parlent plus volontiers de la condition de l'homme que de sa nature. Par condition ils entendent avec plus ou moins de clarté l'ensemble des *limites a priori* qui esquissent sa situation fondamentale dans l'univers. Les situations historiques varient : l'homme peut naître esclave dans une société païenne ou seigneur féodal ou prolétaire. Ce qui ne varie pas, c'est la nécessité pour lui d'être dans le monde, d'y être au travail, d'y être au milieu d'autres et d'y être mortel. Les limites ne sont ni subjectives ni objectives ou plutôt elles ont une face objective et une face subjective. Objectives parce qu'elles se rencontrent partout et sont partout reconnaissables, elles sont subjectives parce qu'elles sont *vécues* et ne sont rien si l'homme ne les vit, c'est-à-dire ne se détermine librement dans son existence par rapport à elles. Et bien que les projets puissent être divers, au moins aucun ne me reste-t-il tout à fait étranger parce qu'ils se présentent tous comme un essai pour franchir ces limites ou pour les reculer ou pour les nier ou pour s'en accommoder. En conséquence, tout projet, quelque individuel qu'il soit, a une

Situation historique et condition humaine

60

Universalité du projet individuel

valeur universelle. Tout projet, même celui du Chinois, de l'Indien ou du nègre, peut être compris par un Européen. Il peut être compris, cela veut dire que l'Européen de 1945 peut se jeter, à partir d'une situation qu'il conçoit, vers ses limites de la même manière, et qu'il peut refaire en lui le projet du Chinois, de l'Indien ou de l'Africain. Il y a universalité de tout projet en ce sens que tout projet est compréhensible pour tout homme. Ce qui ne signifie nullement que ce projet définisse l'homme pour toujours, mais qu'il peut être retrouvé. Il y a toujours une manière de comprendre l'idiot, l'enfant, le primitif ou l'étranger, pourvu qu'on ait les renseignements suffisants. En ce sens nous pouvons dire qu'il y a une

Universalité de l'homme

universalité de l'homme ; mais elle n'est pas donnée, elle est perpétuellement construite. Je construis l'universel en me choisissant ; je le construis en comprenant le projet de tout autre homme, de quelque époque qu'il soit. Cet absolu du choix ne supprime pas la relativité de chaque époque. Ce que l'existentialisme a à cœur de montrer, c'est la liaison du caractère absolu de l'engagement libre, par lequel chaque homme se réalise en réalisant un type d'humanité, engagement toujours compréhensible à n'importe quelle époque et par n'importe qui, et la relativité de l'ensemble culturel qui peut résulter d'un pareil choix ; il faut marquer à la fois la relativité du cartésianisme et le caractère absolu de l'engagement cartésien. En ce sens on peut dire, si vous voulez, que chacun de nous fait l'absolu en respirant, en mangeant, en dormant ou en agissant d'une façon quelconque. Il n'y a aucune différence entre être librement, être comme projet, comme existence qui choisit son essence, et être absolu ; et il n'y a aucune différence entre être un absolu temporellement localisé, c'est-à-dire qui s'est localisé dans l'histoire, et être compréhensible universellement.

L'engagement

Cela ne résout pas entièrement l'objection de subjectivisme. En effet, cette objection prend encore plusieurs formes. La première est la suivante : on nous dit, alors vous

Choix et subjectivité

pouvez faire n'importe quoi ; ce qu'on exprime de diverses manières. D'abord on nous taxe d'anarchie ; ensuite on déclare : vous ne pouvez pas juger les autres, car il n'y a pas de raison pour préférer un projet à un autre ; enfin on peut nous dire : tout est gratuit dans ce que vous choisissez, vous donnez d'une main ce que vous feignez de recevoir de l'autre. Ces trois objections ne sont pas très sérieuses. D'abord la première objection : vous pouvez choisir n'importe quoi, n'est pas exacte. Le choix est possible dans un sens, mais ce qui n'est pas possible, c'est de ne pas choisir. Je peux toujours choisir, mais je dois savoir que si je ne choisis pas, je choisis encore. Ceci, quoique paraissant strictement formel, a une très grande importance, pour limiter la fantaisie et le caprice. S'il est vrai qu'en face d'une

La situation situation, par exemple la situation qui fait que je suis un être sexué pouvant avoir des rapports avec un être d'un autre sexe, pouvant avoir des enfants, je suis obligé de choisir une attitude, et que de toute façon je porte la responsabilité d'un choix qui, en m'engageant, engage aussi l'humanité entière, même si aucune valeur *a priori* ne détermine mon choix, celui-ci n'a rien à voir avec le caprice ; et si l'on croit retrouver ici la théorie gidienne de l'acte gratuit, c'est qu'on ne voit pas l'énorme différence entre cette doctrine et celle de Gide. Gide ne sait pas ce que c'est qu'une situation ; il agit par simple caprice. Pour nous, au contraire, l'homme se trouve dans une situation organisée, où il est lui-même engagé, il engage par son choix l'humanité entière, et il ne peut pas éviter de choisir : ou bien il restera chaste, ou il se mariera sans avoir d'enfants, ou il se mariera et aura des enfants ; de toute façon quoi qu'il fasse, il est impossible qu'il ne prenne pas une responsabilité totale en face de ce problème. Sans doute, il choisit sans se référer à des valeurs préétablies, mais il est injuste de le taxer de caprice. Disons plutôt qu'il faut comparer le choix moral avec la construction d'une œuvre d'art. Et ici, il faut tout de suite faire une halte pour bien dire qu'il ne s'agit pas d'une morale

Choix et acte gratuit de Gide

Morale et esthétique

esthétique, car nos adversaires sont d'une si mauvaise foi qu'ils nous reprochent même cela. L'exemple que j'ai choisi n'est qu'une comparaison. Ceci dit, a-t-on jamais reproché à un artiste qui fait un tableau de ne pas s'inspirer des règles établies *a priori*? A-t-on jamais dit quel est le tableau qu'il doit faire? Il est bien entendu qu'il n'y a pas de tableau défini à faire, que l'artiste s'engage dans la construction de son tableau, et que le tableau à faire c'est précisément le tableau qu'il aura fait; il est bien entendu qu'il n'y a pas de valeurs esthétiques *a priori*, mais qu'il y a des valeurs qui se voient ensuite dans la cohérence du tableau, dans les rapports qu'il y a entre la volonté de création et le résultat. Personne ne peut dire ce que sera la peinture de demain; on ne peut juger la peinture qu'une fois faite. Quel rapport cela a-t-il avec la morale? Nous sommes dans la même situation créatrice. Nous ne parlons jamais de la gratuité d'une œuvre d'art. Quand nous parlons d'une toile de Picasso, nous ne disons jamais qu'elle est gratuite;

nous comprenons très bien qu'il s'est construit tel qu'il est en même temps qu'il peignait, que l'ensemble de son œuvre s'incorpore à sa vie.

Il en est de même sur le plan moral. Ce qu'il y a de commun entre l'art et la morale, c'est que, dans les deux cas, nous avons création et invention. Nous ne pouvons pas décider *a priori* de ce qu'il y a à faire. Je crois vous l'avoir assez montré en vous parlant du cas de cet élève qui est venu me trouver et qui pouvait s'adresser à toutes les morales, kantienne ou autres, sans y trouver aucune espèce d'indication; il était obligé d'inventer sa loi lui-même. Nous ne dirons jamais que cet homme, qui aura choisi de rester avec sa mère en prenant comme base morale les sentiments, l'action individuelle et la charité concrète, ou qui aura choisi de s'en aller en Angleterre, en préférant le sacrifice, a fait un choix gratuit. L'homme se fait; il n'est pas tout fait d'abord, il se fait en choisissant sa morale, et la pression de circonstances est telle qu'il ne peut pas ne pas en choisir une. Nous ne définissons l'homme

La morale existentialiste

L'homme choisit sa morale

Le choix n'est pas gratuit

que par rapport à un engagement. Il est donc absurde de nous reprocher la gratuité du choix. En second lieu, on nous dit : vous ne pouvez pas juger les autres. C'est vrai dans une mesure, et faux dans une autre. Cela est vrai en ce sens que, chaque fois que l'homme choisit son engagement et son projet en toute sincérité et en toute lucidité, quel que soit par ailleurs ce projet, il est impossible de lui en préférer un autre ; c'est vrai dans ce sens que nous ne croyons pas au progrès ; le progrès est une

L'existentialisme et la notion de progrès

amélioration ; l'homme est toujours le même en face d'une situation qui varie et le choix reste toujours un choix dans une situation. Le problème moral n'a pas changé depuis le moment où l'on pouvait choisir entre les esclavagistes et les non-esclavagistes, par exemple au moment de la guerre de Sécession, et le moment présent où l'on peut opter pour le M.R.P. ou pour les communistes.

L'homme se choisit par rapport aux autres

Mais on peut juger, cependant, car, comme je vous l'ai dit, on choisit en face des autres, et on se choisit en face des autres. On peut juger, d'abord (et ceci n'est peut-être pas un jugement de valeur, mais c'est un jugement logique), que certains choix sont fondés sur l'erreur, et d'autres sur la vérité. On peut juger un homme en disant qu'il est de mauvaise foi. Si nous avons défini la situation de l'homme comme un choix libre, sans excuses et sans secours, tout homme qui se réfugie derrière l'excuse de ses passions, tout homme qui invente un déterminisme est un homme de mauvaise foi. On objecterait : mais pourquoi ne se choisirait-il pas de mauvaise foi ? Je réponds que je n'ai pas à le juger moralement, mais je définis sa mauvaise foi comme une erreur. Ici, on ne peut échapper à un jugement de vérité. La mauvaise foi est évidemment un mensonge, parce qu'elle dissimule la totale liberté de l'engagement. Sur le même plan, je dirai qu'il y a aussi mauvaise foi si je choisis de déclarer que certaines valeurs existent avant moi ; je suis en contradiction avec moi-même si, à la fois, je les veux et déclare qu'elles s'imposent à moi. Si l'on me dit : et si je veux être de mauvaise foi ? je

La mauvaise foi

La liberté

répondrai : il n'y a aucune raison pour que vous ne le soyez pas, mais je déclare que vous l'êtes, et que l'attitude de stricte cohérence est l'attitude de bonne foi. Et en outre je peux porter un jugement moral. Lorsque je déclare que la liberté, à travers chaque circonstance concrète, ne peut avoir d'autre but que de se vouloir elle-même, si une fois l'homme a reconnu qu'il pose des valeurs dans le délaissement, il ne peut plus vouloir qu'une chose, c'est la liberté comme fondement de toutes les valeurs. Cela ne signifie pas qu'il la veut dans l'abstrait. Cela veut dire simplement que les actes des hommes de bonne foi ont comme ultime signification la recherche de la liberté en tant que telle. Un homme qui adhère à tel syndicat, communiste ou révolu-tionnaire, veut des buts concrets ; ces buts impliquent une volonté abs-traite de liberté ; mais cette liberté se veut dans le concret. Nous voulons la liberté pour la liberté et à travers chaque circonstance particulière. Et en voulant la liberté, nous décou-vrons qu'elle dépend entièrement de la liberté des autres, et que la liberté des autres dépend de la nôtre. Certes, la liberté comme définition de l'homme ne dépend pas d'autrui, mais dès qu'il y a engagement, je suis obligé de vouloir en même temps que ma liberté la liberté des autres, je ne puis prendre ma liberté pour but que si je prends également celle des autres pour but. En consé-quence, lorsque, sur le plan d'authenticité totale, j'ai reconnu que l'homme est un être chez qui l'essence est précédée par l'exis-tence, qu'il est un être libre qui ne peut, dans des circonstances diverses, que vouloir sa liberté, j'ai reconnu en même temps que je ne peux vouloir que la liberté des autres. Ainsi, au nom de cette volonté de liberté, impliquée par la liberté elle-même, je puis former des jugements sur ceux qui visent à se cacher la totale gratuité de leur exis-tence, et sa totale liberté. Les uns qui se cacheront, par l'esprit de sérieux ou par des excuses détermi-nistes, leur liberté totale, je les appellerai lâches; les autres qui essaieront de montrer que leur exis-

La liberté
d'autrui

L'authenticité

70

tence était nécessaire, alors qu'elle est la contingence même de l'apparition de l'homme sur la terre, je les appellerai des salauds. Mais lâches ou salauds ne peuvent être jugés que sur le plan de la stricte authenticité. Ainsi, bien que le contenu de la morale soit variable, une certaine forme de cette morale est universelle. Kant déclare que la liberté veut elle-même et la liberté des autres. D'accord, mais il estime que le formel et l'universel suffisent pour constituer une morale. Nous pensons, au contraire, que des principes trop abstraits échouent pour définir l'action. Encore une fois, prenez le cas de cet élève; au nom de quoi, au nom de quelle grande maxime morale pensez-vous qu'il aurait pu décider en toute tranquillité d'esprit d'abandonner sa mère ou de rester avec elle? Il n'y a aucun moyen de juger. Le contenu est toujours concret, et par conséquent imprévisible; il y a toujours invention. La seule chose qui compte, c'est de savoir si l'invention qui se fait, se fait au nom de la liberté.

Examinons, par exemple, les deux

Morale abstraite et morale concrète

cas suivants, vous verrez dans quelle mesure ils s'accordent et cependant diffèrent. Prenons *Le Moulin sur la Floss*[3]. Nous trouvons là une certaine jeune fille, Maggie Tulliver, qui incarne la valeur de la passion et qui en est consciente; elle est amoureuse d'un jeune homme, Stephen, qui est fiancé à une jeune fille insignifiante. Cette Maggie Tulliver, au lieu de préférer étourdiment son propre bonheur, au nom de la solidarité humaine choisit de se sacrifier et de renoncer à l'homme qu'elle aime. Au contraire, la Sanseverina, dans *La Chartreuse de Parme*, estimant que la passion fait la vraie valeur de l'homme, déclarerait qu'un grand amour mérite des sacrifices; qu'il faut le préférer à la banalité d'un amour conjugal qui unirait Stephen et la jeune oie qu'il devait épouser; elle choisirait de sacrifier celle-ci et de réaliser son bonheur; et, comme Stendhal le montre, elle se sacrifiera elle-même sur le plan passionné si cette vie l'exige. Nous sommes ici en face de deux morales strictement opposées; je prétends qu'elles sont équivalentes: dans les

L'exemple du « Moulin sur la Floss »

L'exemple de « La Chartreuse de Parme »

deux cas, ce qui a été posé comme but, c'est la liberté. Et vous pouvez imaginer deux attitudes rigoureusement semblables quant aux effets : une fille, par résignation, préfère renoncer à un amour, une autre, par appétit sexuel, préfère méconnaître les liens antérieurs de l'homme qu'elle aime. Ces deux actions ressemblent extérieurement à celles que nous venons de décrire. Elles en sont, cependant, entièrement différentes ; l'attitude de la Sanseverina est beaucoup plus près de celle de Maggie Tulliver que d'une rapacité insouciante.

Ainsi vous voyez que ce deuxième reproche est à la fois vrai et faux. On peut tout choisir si c'est sur le plan de l'engagement libre.

Les valeurs existentialistes

La troisième objection est la suivante : vous recevez d'une main ce que vous donnez de l'autre ; c'est-à-dire qu'au fond les valeurs ne sont pas sérieuses, puisque vous les choisissez. À cela je réponds que je suis bien fâché qu'il en soit ainsi ; mais si j'ai supprimé Dieu le père, il faut bien quelqu'un pour inventer les valeurs. Il faut prendre les choses comme elles sont. Et, par ailleurs, dire que nous inventons les valeurs ne signifie pas autre chose que ceci : la vie n'a pas de sens, *a priori*. Avant que vous ne viviez, la vie, elle, n'est rien, mais c'est à vous de lui donner un sens, et la valeur n'est pas autre chose que ce sens que vous choisissez. Par là vous voyez qu'il y a possibilité de créer une communauté humaine. On m'a reproché de demander si l'existentialisme était un humanisme[4]. On m'a dit : mais vous avez écrit dans *La Nausée* que les humanistes avaient tort, vous vous êtes moqué d'un certain type d'humanisme, pourquoi y revenir à présent ? En réalité, le mot humanisme a deux sens très différents. Par humanisme on peut entendre une théorie qui prend l'homme comme fin et comme valeur supérieure. Il y a humanisme dans ce sens chez Cocteau, par exemple, quand dans son récit, *Le Tour du monde en 80 heures*, un personnage déclare, parce qu'il survole des montagnes en avion : l'homme est épatant. Cela signifie que moi, personnellement, qui n'ai pas construit les

L'humanisme

avions, je bénéficierais de ces inventions particulières, et que je pourrais personnellement, en tant qu'homme, me considérer comme responsable et honoré par des actes particuliers à quelques hommes. Cela supposerait que nous pourrions donner une valeur à l'homme d'après les actes les plus hauts de certains hommes. Cet humanisme est absurde, car seul le chien ou le cheval pourraient porter un jugement d'ensemble sur l'homme et déclarer que l'homme est épatant, ce qu'ils n'ont garde de faire, à ma connaissance tout au moins. Mais on ne peut admettre qu'un homme puisse porter un jugement sur l'homme. L'existentialisme le dispense de tout jugement de ce genre : l'existentialiste ne prendra jamais l'homme comme fin, car il est toujours à faire. Et nous ne devons pas croire qu'il y a une humanité à laquelle nous puissions rendre un culte, à la manière d'Auguste Comte. Le culte de l'humanité aboutit à l'humanisme fermé sur soi de Comte, et, il faut le dire, au fas-

L'humanisme classique

cisme. C'est un humanisme dont nous ne voulons pas.

Mais il y a un autre sens de l'humanisme, qui signifie au fond ceci : l'homme est constamment hors de lui-même, c'est en se projetant et en se perdant hors de lui qu'il fait exister l'homme et, d'autre part, c'est en poursuivant des buts transcendants qu'il peut exister ; l'homme étant ce dépassement et ne saisissant les objets que par rapport à ce dépassement, est au cœur, au centre de ce dépassement. Il n'y a pas d'autre univers qu'un univers humain, l'univers de la subjectivité humaine. Cette liaison de la transcendance, comme constitutive de l'homme — non pas au sens où Dieu est transcendant, mais au sens de dépassement —, et de la subjectivité, au sens où l'homme n'est pas enfermé en lui-même mais présent toujours dans un univers humain, c'est ce que nous appelons l'humanisme existentialiste. Humanisme, parce que nous rappelons à l'homme qu'il n'y a d'autre législateur que lui-même, et que c'est dans le délaissement qu'il décidera de lui-même ; et parce que

L'humanisme existentialiste

La transcendance

nous montrons que ça n'est pas en se retournant vers lui, mais toujours en cherchant hors de lui un but qui est telle libération, telle réalisation particulière, que l'homme se réalisera précisément comme humain.

On voit, d'après ces quelques réflexions, que rien n'est plus injuste que les objections qu'on nous fait. L'existentialisme n'est pas autre chose qu'un effort pour tirer toutes les conséquences d'une position athée cohérente. Il ne cherche pas du tout à plonger l'homme dans le désespoir. Mais si l'on appelle comme les chrétiens, désespoir, toute attitude d'incroyance, il part du désespoir originel.

Existentialisme et athéisme

L'existentialisme n'est pas tellement un athéisme au sens où il s'épuiserait à démontrer que Dieu n'existe pas. Il déclare plutôt : même si Dieu existait, ça ne changerait rien ; voilà notre point de vue. Non pas que nous croyions que Dieu existe, mais nous pensons que le problème n'est pas celui de son existence ; il faut que l'homme se retrouve lui-même et se persuade que rien ne peut le sauver de lui-même, fût-ce une

Conclusions

preuve valable de l'existence de Dieu. En ce sens, l'existentialisme est un optimisme, une doctrine d'action, et c'est seulement par mauvaise foi que, confondant leur propre désespoir avec le nôtre, les chrétiens peuvent nous appeler désespérés.

DISCUSSION

Question :
Contre la
vulgarisation
de l'existen-
tialisme

Je ne sais pas si cette volonté de vous faire comprendre vous fera mieux comprendre, ou si cela vous fera plus mal comprendre, mais je crois que la mise au point dans *Action*[5] vous fait encore plus mal comprendre. Les mots désespoir, délaissement, ont une résonance beaucoup plus forte dans un texte existentialiste. Et il me semble que chez vous, le désespoir ou l'angoisse est quelque chose de plus fondamental que simplement la décision de l'homme qui se sent seul et qui doit décider. C'est une prise de conscience de la condition humaine qui ne se produit pas tout le temps. Qu'on se choisisse tout le temps, c'est entendu, mais l'angoisse et le

81

désespoir ne se produisent pas couramment.

M. Sartre :

Je ne veux évidemment pas dire que, quand je choisis entre un mille-feuille et un éclair au chocolat, je choisis dans l'angoisse. L'angoisse est constante, en ce sens que mon choix originel est une chose constante. En fait l'angoisse est, selon moi, l'absence totale de justification en même temps que la responsabilité à l'égard de tous.

Question :

Je parlais au point de vue de la mise au point parue dans *Action*, et il me semble que votre point de vue s'y était un peu affaibli.

M. Sartre :

En toute sincérité, il est possible que dans *Action* mes thèses aient été un peu affaiblies ; il arrive souvent que des gens qui ne sont pas qualifiés pour cela viennent me poser des questions. Je me trouve alors en face de deux solutions : refuser de répondre ou accepter la discussion sur un terrain de vulgarisation. J'ai choisi la seconde parce qu'au fond, quand on expose des théories en classe de philo, on accepte d'affaiblir une pensée pour la faire comprendre, et ce n'est pas si mau-

Vulgarisation
et
engagement

vais. Si on a une théorie d'engagement, il faut s'engager jusqu'au bout. Si vraiment la philosophie existentialiste est avant tout une philosophie qui dit : l'existence précède l'essence, elle doit être vécue pour être vraiment sincère. Vivre en existentialiste, c'est accepter de payer pour cette doctrine, et non pas l'imposer dans des livres. Si vous voulez que cette philosophie soit vraiment un engagement, vous devez en rendre compte aux gens qui la discutent sur le plan politique ou moral.

Vous me reprochez d'utiliser le mot humanisme. C'est parce que le problème se pose ainsi.

Ou il faut porter la doctrine sur un plan strictement philosophique, et compter sur le hasard pour qu'elle ait une action, ou bien, puisque les gens lui demandent autre chose, et puisqu'elle veut être un engagement, il faut accepter de la vulgariser, à condition que la vulgarisation ne la déforme pas.

Philosophie et politique

Question : Ceux qui veulent vous comprendre vous comprendront, et ceux qui ne le veulent pas ne vous comprendront pas.

Vous semblez concevoir le rôle de la philosophie dans la cité d'une manière qui se trouve dépassée par les événements. Naguère les philosophes étaient attaqués seulement par les autres philosophes. Le vulgaire n'y comprenait rien, et ne s'en souciait pas. Maintenant on fait descendre la philosophie sur la place publique. Marx lui-même n'a pas cessé de vulgariser sa pensée ; le *Manifeste* est la vulgarisation d'une pensée.

M. Sartre :
la position
de Marx

Le choix original de Marx est un choix révolutionnaire.

Question :

Bien malin celui qui pourra dire s'il s'est choisi d'abord révolutionnaire et ensuite philosophe ou d'abord philosophe et ensuite révolutionnaire. Il est philosophe et révolutionnaire ; c'est un ensemble. Il s'est choisi révolutionnaire d'abord : qu'est-ce que ça veut dire ?

M. Sartre :

Le *Manifeste communiste* ne m'apparaît pas comme une vulgarisation, mais une arme de combat. Je ne puis croire que ce ne soit pas un acte d'engagement.

Question :

Philosophie et politique marxiste

Une fois que Marx philosophe a conclu qu'il fallait la révolution, son premier acte a été son *Manifeste communiste*, qui est un acte politique. Le *Manifeste communiste* est le lien entre la philosophie de Marx et le communisme. Quelle que soit la morale que vous aurez, on ne sent pas un lien logique aussi étroit entre cette morale et votre philosophie, qu'entre le *Manifeste communiste* et la philosophie de Marx.

M. Sartre :

Il s'agit d'une morale de la liberté. S'il n'y a pas de contradiction entre cette morale et notre philosophie, il n'y a rien de plus à exiger. Les types d'engagement sont différents suivant les époques. À une époque où s'engager, c'était faire la révolution, il fallait écrire le *Manifeste*. À une

Le sens de l'engagement existentialiste

époque comme la nôtre, où il y a différents partis qui se réclament chacun de la révolution, l'engagement n'est pas d'entrer dans l'un d'eux, mais d'essayer de clarifier les concepts, à la fois pour préciser la position et à la fois pour essayer d'agir sur les différents partis révolutionnaires.

M. Naville[6] :

La question qu'on peut se poser, à

85

partir des points de vue que vous venez de dégager, c'est de savoir si votre doctrine ne va pas se présenter, dans la période qui vient, comme la résurrection du radical-socialisme. Cela paraît bizarre, mais c'est ainsi qu'il faut actuellement poser la question. Vous vous placez d'ailleurs à toutes sortes de points de vue. Mais si l'on cherche un point de convergence actuel de ces points de vue, de ces aspects des idées existentialistes, j'ai l'impression qu'on le trouvera dans une sorte de résurrection du libéralisme; votre philosophie cherche à ressusciter dans des conditions tout à fait particulières, qui sont les conditions historiques actuelles, ce qui fit l'essentiel du radical-socialisme, du libéralisme humaniste. Ce qui lui donne son caractère propre, c'est que la crise sociale mondiale ne permet plus l'ancien libéralisme; elle exige un libéralisme torturé, angoissé. Je crois qu'on peut trouver à cette appréciation un certain nombre de raisons assez profondes, même si l'on s'en tient à vos propres termes. Il ressort de l'exposé actuel que

Existentialisme et radical-socialisme

Existentialisme et néo-libéralisme

l'existentialisme se présente sous forme d'un humanisme et d'une philosophie de la liberté qui est au fond un préengagement, qui est un projet qui ne se définit pas. Vous mettez en avant, comme beaucoup d'autres, la dignité humaine, l'éminente dignité de la personne, qui sont des thèmes qui, tout compte fait, ne sont pas si loin de tous les anciens thèmes libéraux. Pour les justifier, vous faites des distinctions entre les deux sens de l'humanisme, entre deux sens de « condition humaine », entre deux sens d'un certain nombre de termes qui sont passablement usés, qui ont d'ailleurs toute une histoire significative, et dont le caractère équivoque n'est pas le fruit du hasard. Pour les sauver, vous leur inventez un nouveau sens. Je laisse de côté toutes les questions spéciales qui ont trait à la technique philosophique, bien qu'elles soient intéressantes et importantes, et pour m'en tenir aux termes que j'ai entendus, je retiens un point fondamental qui montre que, malgré votre distinction des deux sens de l'humanisme,

Deux sens de l'humanisme

vous vous en tenez, au fond, à l'ancien.

L'homme se présente comme un choix à faire. Très bien. Il est avant tout son existence au moment présent et il est hors du déterminisme naturel; il ne se définit pas préalablement à lui-même mais en fonction de son présent individuel. Il n'y a pas une nature humaine supérieure à lui, mais une existence spécifique lui est donnée à un moment donné. Je me demande si l'existence prise dans ce sens n'est pas une autre forme du concept de nature humaine qui, pour des raisons historiques, revêt une nouvelle expression; si elle n'est pas très semblable, et plus qu'il n'y paraît au premier abord, à la nature humaine telle qu'elle se définissait au XVIIIe siècle et telle que vous déclarez en repousser le concept, car elle se retrouve, dans une large mesure, derrière l'expression de condition humaine telle que l'existentialisme l'emploie. Votre conception de la condition humaine, c'est un substitut pour la nature humaine, comme vous substituez l'expérience vécue à

La nature humaine

l'expérience vulgaire ou à l'expérience scientifique.

La notion de condition humaine remplace celle de la nature humaine

Si l'on considère les conditions humaines comme conditions qui se définissent par un X, qui est l'X du sujet, mais non par leur contexte naturel, par leur détermination positive, on a affaire à une autre forme de nature humaine ; c'est une nature-condition, si vous voulez, c'est-à-dire qu'elle ne se définit pas simplement comme type abstrait de nature, mais qu'elle se révèle par quelque chose de beaucoup plus difficile à formuler pour des raisons qui, à mon sens, sont historiques.

Crise de l'universalité

Aujourd'hui, la nature humaine se définit dans des cadres sociaux qui sont ceux d'une désagrégation générale des régimes sociaux, des classes, des conflits qui les traversent, d'un brassage des races et des nations qui font que l'idée même d'une nature humaine uniforme, schématique, ne peut plus se présenter avec le même caractère de généralité, revêtir le même type d'universalité qu'au XVIIIᵉ siècle, à l'époque où elle paraissait s'exprimer sur la base d'un progrès continu. Aujourd'hui, on a affaire à une expression de la nature humaine que les gens qui réfléchissent ou parlent naïvement de cette question, expriment comme condition humaine ; ils expriment cela de façon chaotique, vague et, le plus souvent, sous un aspect dramatique, si vous voulez, imposé par les circonstances ; et dans la mesure où l'on ne veut pas passer de l'expression générale de cette condition à l'examen déterministe de ce que sont effectivement les conditions, ils conservent le type, le schème d'une expression abstraite analogue à celle de la nature humaine.

Ainsi, l'existentialisme s'accroche à l'idée d'une nature humaine, mais cette fois ce n'est pas une nature fière d'elle-même, mais une condition peureuse, incertaine et délaissée. Et, effectivement, lorsque l'existentialisme parle de condition humaine, il parle d'une condition qui n'est pas encore vraiment engagée dans ce que l'existentialisme appelle des projets, et qui, par conséquent, est une précondition. Il s'agit d'un préengagement et non d'un engagement ni d'une véritable

Une nature misérable

**Le préenga-
gement**

condition. Alors, ce n'est pas non plus par hasard que cette condition se définit avant tout par son caractère d'humanisme général. D'ailleurs, lorsqu'on parlait, dans le passé, de nature humaine, on visait quelque chose de plus délimité que lorsqu'on parlait d'une condition en général ; car la nature, c'est déjà autre chose, c'est plus qu'une condition, dans une certaine mesure.

La nature humaine n'est pas une modalité au sens où la condition humaine est une modalité. Et c'est pourquoi il vaut mieux parler, à mon sens, de naturalisme que d'humanisme. Il y a dans le naturalisme une implication de réalités plus générales que dans l'humanisme, tout au moins au sens que prend chez vous le terme d'humanisme ; nous avons affaire à une réalité. Il faudrait d'ailleurs étendre cette discussion relative à la nature humaine. Car il faut aussi faire intervenir le point de vue historique.

**La nature
humaine et
l'histoire**

La réalité première, c'est la réalité naturelle, dont la réalité humaine n'est qu'une fonction. Mais il faut, pour cela, admettre la vérité de l'histoire, et l'existentialiste, d'une façon générale, n'admet pas la vérité de l'histoire, pas plus de l'histoire humaine que de l'histoire naturelle en général, et pourtant, c'est l'histoire qui fait les individus ; c'est leur propre histoire, à partir du moment où ils sont conçus, qui fait que les individus ne naissent pas et n'apparaissent pas dans un monde qui leur fait une condition abstraite, mais apparaissent dans un monde dont ils ont toujours eux-mêmes fait partie, par lequel ils sont conditionnés, et qu'ils contribuent eux-mêmes à conditionner, de la façon dont la mère conditionne son enfant et dont cet enfant la conditionne aussi dès qu'il est en gestation. C'est seulement de ce point de vue que nous avons le droit de parler de condition humaine comme d'une réalité première. Il faudrait plutôt dire que la réalité première est une condition naturelle et non pas une condition humaine. Je ne répète là que des opinions courantes et banales, mais qui ne me paraissent nullement réfutées par l'exposé de l'existentialisme. En somme, s'il est vrai qu'il

L'existentialisme nie l'histoire

Il n'y a pas une condition humaine en général

n'y a pas une nature humaine abstraite, une essence de l'homme indépendante ou antérieure à son existence, il est certain aussi qu'il n'y a pas une condition humaine en général, même si, par condition, vous entendez un certain nombre de circonstances ou situations concrètes, car, à vos yeux, elles ne sont pas articulées. En tout cas, le marxisme se fait à ce sujet une idée différente, celle de la nature dans l'homme et de l'homme dans la nature qui n'est pas forcément défini d'un point de vue individuel.

L'homme objectif

Cela signifie qu'il y a des lois de fonctionnement pour l'homme comme pour tout autre objet de la science, qui constituent, au sens fort du mot, sa nature, une nature variée, il est vrai, et qui ressemble très peu à une phénoménologie, c'est-à-dire à une perception éprouvée, empirique, vécue, telle que la donne le sens commun ou plutôt le prétendu sens commun des philosophes. En ce sens, la conception de la nature humaine que se faisaient les hommes du XVIIIᵉ siècle était sans doute beaucoup plus proche de celle de Marx que son substitut existentialiste, la condition humaine, pure phénoménologie de situation.

Humanisme est malheureusement aujourd'hui un terme qui sert à désigner les courants philosophiques, pas seulement en deux sens, mais en trois, quatre, cinq, six. Tout le monde est humaniste à l'heure qu'il est, même certains marxistes, qui se découvrent rationalistes classiques, sont humanistes dans un sens affadi, dérivé des idées libérales du siècle dernier, celui d'un libéralisme réfracté à travers toute la crise actuelle. Si les marxistes peuvent se prétendre humanistes, les différentes religions, les chrétiens, les hindous et beaucoup d'autres, se prétendent aussi avant tout humanistes, et l'existentialiste à son tour, et, d'une manière générale, toutes les philosophies. Actuellement, beaucoup de courants politiques se réclament également d'un humanisme. Tout cela converge vers une espèce de tentative de restitution d'une philosophie qui, malgré sa prétention, refuse au fond de s'engager, et elle refuse de s'engager, pas

Humanisme et libéralisme

seulement au point de vue politique et social, mais aussi dans un sens philosophique profond. Lorsque le christianisme se prétend avant tout humaniste, c'est parce qu'il refuse de s'engager, qu'il ne peut pas s'engager, c'est-à-dire participer à la lutte des forces progressistes, parce qu'il se maintient sur des positions réactionnaires vis-à-vis de cette révolution. Lorsque les pseudo-marxistes ou les libéraux se revendiquent de la personne avant tout, c'est parce qu'ils reculent devant les exigences de la situation présente du monde. De même l'existentialiste, comme libéral, se revendique de l'homme en général parce qu'il ne parvient pas à formuler une position exigée par les événements, et la seule position progressiste que nous connaissions est celle du marxisme. C'est le marxisme qui pose les vrais problèmes de l'époque.

Christianisme et existentialisme

L'homme et le milieu

Il n'est pas vrai qu'un homme ait une liberté de choix au sens où par ce choix il confère à son activité un sens qu'elle n'aurait pas sans cela. Il ne suffit pas de dire que des hommes peuvent lutter pour la

95

liberté sans savoir qu'ils luttent pour la liberté ; ou alors, si nous donnons un sens plein à cette reconnaissance, cela signifie que des hommes peuvent s'engager et lutter pour une cause qui les domine, c'est-à-dire agir dans un cadre qui les dépasse, et non seulement à partir d'eux-mêmes. Car enfin, si un homme lutte pour la liberté sans savoir, sans se formuler expressément de quelle façon, dans quel but il lutte, cela signifie que ses actes vont engager une série de conséquences s'insinuant dans une trame causale dont il ne saisit pas tous les tenants et aboutissants mais qui, tout de même, enserrent son action et lui donnent son sens en fonction de l'activité des autres ; pas seulement des autres hommes, mais du milieu naturel dans lequel ces hommes agissent. Mais, de votre point de vue, le choix est un préchoix — je reviens toujours sur ce préfixe, car j'estime qu'il y a toujours une réserve qui intervient — dans cette sorte de préchoix où l'on a affaire à une liberté de préindifférence. Mais votre conception de la condition et de la liberté est liée à une certaine définition des objets dont il faut dire un mot. C'est même de cette idée du monde des objets, de l'ustensilité, que vous tirez le reste. À l'image des existences discontinues des êtres, vous tracez le tableau d'un monde discontinu d'objets, d'où tout causalisme est absent, sauf cette variété étrange de rapport de causalité qui est celui de l'ustensilité, passive, incompréhensible et méprisable. L'homme existentialiste trébuche dans un univers d'ustensiles, d'obstacles malpropres, enchaînés, appuyés les uns sur les autres par un souci bizarre de servir les uns aux autres, mais affectés du stigmate, effrayant aux yeux des idéalistes, de la soi-disant extériorité pure. Ce monde du déterminisme ustensile est cependant a-causal. Mais où commence et où finit ce monde, dont la définition est d'ailleurs tout arbitraire et nullement concordante avec les données scientifiques modernes ? Pour nous il ne commence ni ne finit nulle part, car la ségrégation que l'existentialiste veut lui faire subir par rapport à la

L'ustensilité

Extériorité et objectivité

nature, ou plutôt à la condition humaine, est irréelle. Il y a un monde, un seul monde, à nos yeux, et l'ensemble de ce monde peut tout entier, hommes et choses, si vous tenez à cette distinction, être affecté, dans certaines conditions variables, du signe de l'objectivité. L'ustensilité des étoiles, de la colère, de la fleur ? Je ne vais pas épiloguer là-dessus. Je soutiens cependant que votre liberté, votre idéalisme, est fait du mépris arbitraire des choses. Et pourtant les choses sont bien différentes de la description que vous en donnez. Vous en admettez l'existence propre en soi, et c'est déjà un succès. Mais c'est une existence purement privative, une hostilité permanente. L'univers physique et biologique n'est jamais, à vos yeux, une condition, une source de conditionnements, ce mot n'ayant, dans son sens fort et pratique, pas plus de réalité pour vous que celui de cause. C'est pourquoi l'univers objectif n'est, pour l'homme existentialiste, qu'occasion de déboires, sans prises, au fond indifférent, un probable perpétuel, c'est-à-dire tout le

Le monde est un

contraire de ce qu'il est pour le matérialisme marxiste.

L'engagement existentialiste est arbitraire

C'est pour toutes ces raisons et quelques autres que vous ne concevez l'engagement de la philosophie que comme une décision arbitraire, que vous qualifiez de libre. Vous dénaturez l'histoire même de Marx lorsque vous indiquez qu'il a défini une philosophie puisqu'il l'a engagée. Non, l'engagement, ou plutôt l'activité sociale et politique a été, au contraire, un déterminant de sa pensée plus générale. C'est dans une multiplicité d'expériences que se sont précisées ses doctrines. Il me paraît évident que le développement

Philosophie et politique

de la pensée philosophique chez Marx se fait en liaison consciente avec le développement politique ou social. Cela est d'ailleurs plus ou moins vrai pour les philosophes antérieurs. Si Kant est un philosophe systématique connu pour s'être tenu à l'écart de toute activité politique, cela ne veut pas dire que sa philosophie n'ait pas joué un certain rôle politique, Kant, le Robespierre allemand, au dire de Heine ; et, dans la mesure où l'on pouvait admettre, par exemple à l'époque de Descartes, que le développement de la philosophie ne jouait pas un rôle politique immédiat — ce qui est d'ailleurs erroné — cela est devenu impossible depuis le siècle dernier. Aujourd'hui, reprendre, sous une forme quelconque, une position antérieure au marxisme, c'est ce que j'appelle revenir au radical-socialisme.

L'existentialisme, dans la mesure où il peut donner naissance à des volontés révolutionnaires, doit donc s'engager d'abord dans une opération autocritique. Je ne pense pas qu'il le fasse de bon gré, mais il le faudrait. Il faudrait qu'il subisse une crise dans la personne de ceux qui le défendent, une crise dialectique, c'est-à-dire qui retienne, dans un certain sens, quelques positions non dénuées de valeur chez certains de ses partisans. Et cela me paraît d'autant plus nécessaire que j'ai pu observer les conclusions sociales tout à fait inquiétantes et nettement rétrogrades que certains d'entre eux tiraient de l'existentialisme. L'un d'eux écrivait, en conclusion d'une

Existentialisme et révolution

L'existentialisme, philosophie de quelle classe?

analyse, que la phénoménologie peut servir aujourd'hui d'une façon très précise sur le plan social et révolutionnaire en dotant la petite-bourgeoisie d'une philosophie qui lui permette d'être et de devenir l'avant-garde du mouvement révolutionnaire international. Par le truchement des intentionnalités de conscience, on pourrait donner à la petite-bourgeoisie une philosophie qui corresponde à son existence propre, qui lui permette de devenir l'avant-garde du mouvement révolutionnaire mondial. Je vous cite cet exemple, je pourrais vous en citer d'autres du même type qui montrent qu'un certain nombre de personnes qui sont très engagées par ailleurs, et qui se trouvent attachées au thème de l'existentialisme, en arrivent à développer des théories politiques qui, au fond, et j'en reviens à ce que je disais au début, sont des théories teintées de néo-libéralisme, de néo-radical-socialisme. C'est un danger certain. Ce qui nous intéresse le plus, ce n'est pas de rechercher une cohérence dialectique entre tous les domaines

**Existentia-
lisme et
politique**

qui sont touchés par l'existentialisme, mais de voir l'orientation de
ces thèmes, qui aboutissent peu à
peu, sans doute peut-être à son
corps défendant, et en fonction
d'une recherche, d'une théorie,
d'une attitude, que vous croyez très
définie, à quelque chose qui n'est
pas le quiétisme, bien entendu —
car parler du quiétisme, à l'époque
actuelle, c'est se donner beau jeu, il
s'agit bien d'une chose impossible —
mais qui ressemble à l'attentisme.
Cela n'est peut-être pas contradic-
toire avec certains engagements
individuels, mais cela est contradic-
toire avec la recherche d'un engagement qui prenne une valeur collective, et surtout une valeur
prescriptive. Pourquoi l'existentialisme ne devrait-il pas donner de
directives ? Au nom de la liberté ?
Mais, si c'est une philosophie orien-
tée dans le sens indiqué par Sartre,
elle doit donner des directives, elle
doit, en 1945, dire s'il faut adhérer à
l'U.D.S.R.[7], au parti socialiste, au
parti communiste ou ailleurs, elle
doit dire s'il est pour le parti ouvrier
ou le parti petit-bourgeois.

L'attentisme
existentialiste

M. Sartre :

Il est assez difficile de vous répondre complètement, parce que vous avez dit beaucoup de choses. Je vais essayer de répondre à un certain nombre de points que j'ai notés. D'abord, je trouve que vous avez pris une position dogmatique. Vous avez dit que nous reprenions une position antérieure au marxisme, que nous revenions en arrière. Je crois qu'il faudrait prouver que nous ne cherchons pas à prendre une position postérieure. Je ne veux pas discuter là-dessus, mais je voudrais vous demander d'où vient que vous puissiez avoir une telle conception de la vérité. Vous pensez qu'il y a des choses absolument vraies, car vous avez fait des critiques au nom d'une certitude. Mais, si tous les hommes sont des objets, comme vous le dites, d'où provient une telle certitude ? Vous avez dit que c'est au nom de la dignité humaine que l'homme refuse de traiter l'homme comme objet. C'est faux. C'est pour une raison d'ordre philosophique et logique : si vous posez un univers d'objets, la vérité disparaît. Le monde de l'objet est le monde du probable. Vous

Marxisme et dogmatisme

103

devez reconnaître que toute théorie, qu'elle soit scientifique ou philosophique, est probable. La preuve en est que les thèses scientifiques, historiques, varient et qu'elles se font sous forme d'hypothèses. Si nous admettons que le monde de l'objet, le monde du probable, est unique, nous n'aurons plus qu'un monde de probabilités, et, ainsi, comme il faut que la probabilité dépende d'un certain nombre de vérités acquises, d'où vient la certitude ? Notre subjectivisme permet des certitudes à partir desquelles nous pourrons vous rejoindre sur le plan du probable, et justifier le dogmatisme dont vous avez fait preuve durant votre exposé, et qui est incompréhensible dans la position que vous prenez. Si vous ne définissez pas la vérité, comment concevoir la théorie de Marx autrement que comme une doctrine qui apparaît, qui disparaît, se modifie, et qui n'a que la valeur d'une théorie ? Comment faire une dialectique de l'histoire si on ne commence pas par poser un certain nombre de règles ? Nous les trouvons dans le *cogito* cartésien ; nous

> Critique de la philosophie marxiste

> Marxisme et existentialisme

ne pouvons les trouver qu'en nous situant sur le terrain de la subjectivité. Nous n'avons jamais discuté le fait que, constamment, l'homme est un objet pour l'homme, mais, réciproquement, il faut, pour saisir l'objet comme tel, un sujet qui s'atteigne comme sujet.

Ensuite, vous me parlez d'une condition humaine que vous appelez quelquefois précondition, et vous parlez d'une prédétermination. Ce qui vous a échappé ici, c'est que nous adhérons à beaucoup de descriptions du marxisme. Vous ne pouvez pas me critiquer comme vous critiquez des gens du XVIIIe siècle et qui ignoreraient tout de la question. Ce que vous nous avez dit sur la détermination, nous le savons depuis longtemps. Le véritable problème pour nous, c'est de définir à quelles conditions il y a universalité. Puisqu'il n'y a pas de nature humaine, comment conserver, dans une histoire qui change constamment, assez de principes universels pour pouvoir interpréter, par exemple, le phénomène de Spartacus, ce qui suppose un minimum de compréhension de l'époque? Nous sommes d'accord sur ce point, il n'y a pas de nature humaine, autrement dit, chaque époque se développe suivant des lois dialectiques, et les hommes dépendent de l'époque et non pas d'une nature humaine.

M. Naville :

Quand vous cherchez à interpréter, vous dites : c'est parce que nous nous référons à une certaine situation. Pour notre part nous nous référons à l'analogie ou aux différences de la vie sociale de cette époque comparée à la nôtre. Si, au contraire, nous essayions d'analyser cette analogie en fonction d'un type abstrait, nous n'arriverions jamais à rien. Ainsi, supposez que dans deux mille ans on ne dispose, pour analyser la situation actuelle, que de thèses sur la condition humaine en général, comment ferait-on pour analyser rétrospectivement? On n'y arriverait pas.

La causalité en histoire

Jamais nous n'avons pensé qu'il n'y avait pas à analyser des conditions humaines ni des intentions individuelles. Ce que nous appelons la situation, c'est précisément

M. Sartre :

l'ensemble des conditions matérielles et psychanalytiques mêmes qui, à une époque donnée, définissent précisément un ensemble.

M. Naville : Je ne crois pas que votre définition soit conforme à vos textes. Il en ressort tout de même que votre conception de la situation n'est pas du tout identifiable, même de très loin, avec une conception marxiste, parce qu'elle nie le causalisme. Votre défi-

La causalité nition n'est pas précise; elle glisse souvent habilement d'une position à une autre, sans les définir d'une manière suffisamment rigoureuse. Pour nous, une situation, c'est un ensemble construit et qui se révèle par toute une série de déterminations, et de déterminations de type causal, y compris la causalité de type statistique.

M. Sartre : Vous me parlez de causalité d'ordre statistique. Cela ne veut rien dire.

Critique de Voulez-vous me préciser d'une
la causalité manière nette ce que vous entendez
marxiste par causalité ? Le jour où un marxiste me l'aura expliqué, je croirai à la causalité marxiste. Vous passez votre temps, quand on vous parle de liberté, à dire : pardon, il y a la cau-

salité. Cette causalité secrète, qui n'a de sens que chez Hegel, vous ne pouvez pas en rendre compte. Vous avez un rêve de causalité marxiste.

M. Naville :

Admettez-vous qu'il y ait une vérité scientifique ? Il peut y avoir des domaines qui ne comportent aucune espèce de vérité. Mais le monde des objets — vous l'admettez tout de même, je l'espère — est le monde dont s'occupent les sciences. Or c'est pour vous un monde qui n'a qu'une probabilité, et n'atteint pas la vérité. Donc le monde des objets, qui est celui de la science, n'admet pas de vérité absolue. Mais il atteint une vérité relative. Cependant, vous admettrez que les sciences utilisent la notion de causalité ?

La vérité scientifique

M. Sartre :

Absolument pas. Les sciences sont abstraites, elles étudient les variations de facteurs abstraits également et non la causalité réelle. Il s'agit de facteurs universels sur un plan où les liaisons peuvent toujours être étudiées. Tandis qu'il s'agit, dans le marxisme, de l'étude d'un ensemble unique dans lequel on cherche une causalité. Ce n'est pas du tout la

108

	même chose qu'une causalité scientifique.
M. Naville :	Vous avez donné un exemple longuement développé, celui du jeune homme qui est venu vous trouver.
M. Sartre :	N'était-il pas sur le plan de la liberté ?
M. Naville :	Il fallait lui répondre. J'aurais essayé de m'enquérir de quoi il était capable, de son âge, de ses possibilités financières, d'examiner ses rapports avec sa mère. Il est possible que j'aurais émis une opinion probable, mais j'aurais très certainement tâché de déterminer un point de vue précis, qui se serait peut-être démontré faux à l'action, mais très certainement, je l'aurais engagé à faire quelque chose.
M. Sartre :	S'il vient vous demander conseil, c'est qu'il a déjà choisi la réponse. Pratiquement, j'aurais très bien pu lui donner un conseil ; mais puisqu'il cherchait la liberté, j'ai voulu le laisser décider. Je savais du reste ce qu'il allait faire, et c'est ce qu'il a fait.

NOTES

1. Heidegger refuse pour lui-même cette appellation dans sa *Lettre sur l'humanisme* (1946); il y fait quelques allusions à *L'existentialisme est un humanisme*.

2. Cf. « Notes premières de l'homme » in *Les Temps modernes* n° 1, octobre 1945.

3. Roman de George Eliot (1860).

4. Le sujet annoncé de la conférence était : « L'existentialisme est-il un humanisme ? »

5. « À propos de l'existentialisme : Mise au point », *Action* n° 17, *op. cit.*

6. Sur Pierre Naville, voir « Situation de la conférence », p. 15, note 1.

7. Union démocratique et socialiste de la Résistance.

DU MÊME AUTEUR

CRITIQUES LITTÉRAIRES.

QU'EST-CE QUE LA LITTÉRATURE ?

SAINT GENET, COMÉDIEN ET MARTYR (Les Œuvres complètes de Jean Genet, tome I).

LES MOTS.

LES ÉCRITS DE SARTRE, de Michel Contat et Michel Rybalka.

L'IDIOT DE LA FAMILLE, *Gustave Flaubert de 1821 à 1857*, I, II, et III *(nouvelle édition revue et augmentée)*.

PLAIDOYER POUR LES INTELLECTUELS.

UN THÉÂTRE DE SITUATIONS.

LES CARNETS DE LA DRÔLE DE GUERRE (septembre 1939-mars 1940).

LETTRES AU CASTOR et à quelques autres :
I. 1926-1939.
II. 1940-1963.

LE SCÉNARIO FREUD.

MALLARMÉ, *La lucidité et sa face d'ombre*.

ÉCRITS DE JEUNESSE.

LA REINE ALBEMARLE OU LE DERNIER TOURISTE.

Philosophie

L'IMAGINAIRE, *Psychologie phénoménologique de l'imagination*.

L'ÊTRE ET LE NÉANT, *Essai d'ontologie phénoménologique*.

CAHIERS POUR UNE MORALE.

CRITIQUE DE LA RAISON DIALECTIQUE (*précédé de* QUESTIONS DE MÉTHODE), I : *Théorie des ensembles pratiques*.

CRITIQUE DE LA RAISON DIALECTIQUE, II : *L'intelligibilité de l'Histoire*.

QUESTIONS DE MÉTHODE (collection « Tel »).

VÉRITÉ ET EXISTENCE.

SITUATIONS PHILOSOPHIQUES (collection « Tel »).

Essais politiques

RÉFLEXIONS SUR LA QUESTION JUIVE.

ENTRETIENS SUR LA POLITIQUE, avec David Rousset et
Gérard Rosenthal.

L'AFFAIRE HENRI MARTIN, textes commentés par Jean-Paul
Sartre.

ON A RAISON DE SE RÉVOLTER, avec Philippe Gavi et Pierre
Victor.

Scénario

SARTRE, *un film réalisé par Alexandre Astruc et Michel Contat.*

Entretiens

Entretiens avec Simone de Beauvoir, *in* LA CÉRÉMONIE DES
ADIEUX de Simone de Beauvoir.

Iconographie

SARTRE, IMAGES D'UNE VIE, album préparé par L. Sendyk-
Siegel, commentaire de Simone de Beauvoir.

Composition Euronumérique
et impression Bussière
à Saint-Amand (Cher), le 4 janvier 1996.
Dépôt légal : janvier 1996.
Numéro d'imprimeur : 104.
ISBN 2-07-032913-5./Imprimé en France.